H. VIAL -- G. CAPON

Le Journal d'un Bourgeois de Popincourt

(*Avenel — Duclermont*)

(1784)  (1787)

EXTRAIT DE LA CORRESPONDANCE HISTORIQUE ET ARCHÉOLOGIQUE

Lucien GOUGY
5, Quai de Conti.

1905

M. VIAL 1902.

H. VIAL ET G. CAPON

JOURNAL

d'un

Bourgeois de Popincourt

(LEFEBVRE DE BEAUVRAY)

AVOCAT AU PARLEMENT

1784-1787

Extrait de la *Correspondance historique et archéologique*

(Année 1902)

PARIS

LIBRAIRIE LUCIEN GOUGY

5, QUAI CONTI, 5

1902

JOURNAL

d'un

Bourgeois de Popincourt

(LEFEBVRE DE BEAUVRAY, avocat au Parlement)

1784-1787

Le manuscrit dont nous allons publier une partie n'était pas identifié au moment où nous l'avons vu pour la première fois, à la Bibliothèque Nationale; il était ainsi décrit dans le catalogue (1): « 10364. Mémoires anecdotiques de la fin du règne de Louis XVI, *incomplets du début à la fin*, xviiie. Papier 318 et 335 feuillets 275 sur 185 millimètres. D. rel. (*Supplément français*, 1829). »

La lecture de ce manuscrit en fait connaître l'auteur dès les premières pages; en effet, celui-ci dit habiter la rue de Popincourt, et plus loin, il cite un de ses confrères, avocat au Parlement. Au moyen de ces indications, on est amené à attribuer ce journal à Lefebvre de Beauvray, avocat au Parlement, demeurant rue de Popincourt, en 1784.

Quérard consacre une notice assez longue à Lefebvre de Beauvray, qu'il fait naître le 14 novembre 1720 et mourir à la fin du xviiie siècle (2). Lefebvre de Beauvray devint aveugle de bonne heure et chercha des consolations dans la culture des lettres; il était membre des académies d'Angers et de Châlons, et produisit les ouvrages suivants :

Adresse à la nation anglaise, poème patriotique, par un citoyen, sur la guerre présente. Amsterdam et Paris. 1757, in-12°;

---

(1) *Bibliothèque nationale. Catalogue général des manuscrits français* par Henri Omont. *Ancien supplément français*, II, n° 10364.

(2) L'auteur de ce manuscrit dit à la page 218 de la 2e partie : On vient de nous prédire, entre autres choses, que nous ferions une maladie fort grave et très opiniâtre dont heureusement nous relèverons pour jouir constamment d'une bonne santé jusqu'en 1815, époque à laquelle notre vie doit se terminer enfin dans la 91e année de notre âge à compter du 12 novembre 1724, jour de notre naissance en ce bas monde ». Nous perdons de vue Lefebvre de Beauvray en 1791, année pendant laquelle il vendit sa maison de la rue de Popincourt (voir plus loin).

Dictionnaire social et patriotique. Paris, 1769, in-8°;
Épitre à M. de Fontenelle. 1743;
Étrennes au genre humain en vers... S. D;
Histoire de miss Honora ou le vice dupe de lui-même. Paris, Durand, 1766, 4 parties, in-12° (1);
Récréations philosophiques d'un aveugle, 1769, in-8°;
Singularités diverses tant en vers qu'en prose, 1753, in-12°;
Vœux patriotiques à la France, 1762, in-4.

Lefebvre de Beauvray est encore l'auteur d'un éloge de Montesquieu, petite pièce en vers, insérée dans le *Journal de Verdun* d'octobre 1755 et terminée par un épilogue qui est un portrait en vers de l'auteur (2).

> A Paris, cette ville unique,
> Où règnent les colifichets,
> Avec le goût philosophique;
> Où, parmi les cabriolets,
> Le persiflage et les ballets,
> Triomphe l'esprit méthodique;
> Au fond du faubourg Saint-Marcel,
> Sur les confins de la barrière,
> En bon air, sous un beau ciel,
> Près d'un jardin salutaire,
> Loge paisiblement en son petit castel,
> Sans pont-levis, sans tours et sans fossés de pierre,
> Certain sage ou soi-disant tel,
> Sensible sans apprêts, misanthrope sans fiel;
> Par hasard dissipé, par état solitaire,
> Content du peu qu'il a parce qu'il sçait jouir;
> Ennemi faible, ami sincère;
> Indulgent pour autrui, pour lui-même sévère (3).

(1) Lefebvre avait dicté ce roman à l'abbé Irailht et lui avait donné le manuscrit; en apprenant que l'abbé se l'attribuait, l'aveugle écrivit au rédacteur de l'*Année Littéraire*, en 1766, pour déclarer qu'après avoir abandonné le profit de ce travail à l'éditeur, il lui en cède la gloire. — Biographie Didot.
(2) *Journal de Verdun*, octobre 1755, p. 289.
(3) On lit à ce sujet à la page 116 de la 1re partie du *Journal* : Ce n'est point de cette production-là que l'on s'est avisé de nous contester jamais la paternité, mais bien d'une autre, intitulée : « Miss Honora ou le vice dupe de lui-même », en quatre parties, mises un beau jour sous presse à Paris même à notre insçu par les soins d'un certain abbé N. Irail, natif du Puy, capitale du Velay, contre lequel nous bornâmes notre vengeance à l'épigramme qui suit, imprimée alors dans l'*Année littéraire*, 1766, et depuis dans les mémoires de Bachaumont :

> Ce nouveau livre où l'on s'engage,
> D'avertir en instruisant,
> D'un aveugle et d'un clairvoyant,
> Est, dit-on, le commun ouvrage...
> Il est vrai... l'aveugle dictoit
> Et le clairvoyant écrivoit.

Nous avons retrouvé aux Archives de la Seine, son acte de mariage reconstitué au moyen d'un acte authentique annexé à la minute d'un acte de notoriété, reçu le 29 frimaire an 3 par Maître Fourchy, notaire à Paris :

« Du registre déposé au Greffe de la Chambre Civile du Châtelet de Paris aux termes de la déclaration du roy du neuf avril mil sept cent trente-six et autres déclarations antérieures servant de secondes minutes pour les actes de baptêmes, mariages et sépultures faits dans la paroisse de Saint-Jacques et Saint-Christophe de la Villette-Saint-Lazare-lez-Paris pendant l'année mil sept cent soixante-six à la page six dudit registre verso et sept recto a été tiré l'acte dont la teneur suit :

« L'an mil sept cent soixante-six, le lundi sept du mois de juillet, vu la dispense de la publication de deux bans accordée par Monseigneur l'Archevêque de Paris ainsi que la permission de fiancer et marier en même temps, en date du trois du mois de juillet, signée par Monseigneur Henry, évêque de Sidon, vicaire général, vu l'extrait mortuaire de Monsieur Rigobert Lefebvre, père du futur époux, vu le certificat de la publication d'un ban faite en l'église paroissiale de Saint-Jean-en-Grève, signé du sieur Piébusque, vicaire de ladite paroisse, vu le certificat de publication d'un ban à l'église Saint-Eustache, signé du sieur de Villerouge, vicaire de ladite église, vu la permission à nous adressée par messire Jacquin, curé de Saint-Sauveur à Paris, de marier, après avoir vu le certificat de la publication d'un ban faite en ladite église Saint-Sauveur, les fiançailles célébrées sur la permission de nous accordée ont été par ledit soussigné, mariés et après avoir pris leur mutuel consentement ont reçu de nous la bénédiction nuptiale Maître *Claude-Rigobert Lefebvre* (1), avocat au Parlement, fils majeur de défunt Rigobert Lefebvre, procureur au Parlement, et dame Marguerite-Germaine Laudot, son épouse, à présent sa veuve, et auparavant veuve de Monsieur Jean-François Caffrot, avocat au Parlement, ses père et mère; l'époux demeurant rue Sainte-Croix-de-la-Bretonnerie et rue Saint-Jean-en-Grève, et demoiselle *Marie-Marguerite De La Bonne*, fille mineure du sieur Jean-Baptiste-Jacques De La Bonne, marchand mercier, bourgeois de Paris, et de défunte Marie-Marguerite de Beaulieu, son épouse, ses

(1) Quérard donne à Lefebvre de Beauvray le prénom de Pierre.

père et mère, l'épouse demeurant à Paris, de fait sur la paroisse Saint-Sauveur et de droit sur la paroisse Saint-Eustache, et ont les témoins de Marguerite-Germaine Laudot, mère de l'époux, qui a déclaré ne pouvoir signer à cause de la faiblesse de sa vue, Maître Joachim-François Caffrot, avocat au Parlement, frère utérin de l'époux; maître Louis-Gabriel Marmottant, procureur au Parlement, beau-frère de l'époux, et Jean-Baptiste Jacques De La Bonne, procureur au Châtelet, frère consanguin de l'épouse, qui ont signé avec nous. Ainsi signé audit registre De La Bonne, Lefebvre, De La Bonne, Caffrot, Marmottant, De la Bonne et Nouvelet, curé. »

Au moment de son mariage, notre auteur habitait rue Sainte-Croix de la Bretonnerie, il y demeura jusqu'en 1774, époque à laquelle il vint habiter le faubourg Saint-Antoine (1). Dans les registres d'insinuations conservés aux Archives de la Seine, certains documents précisent la date de l'achat des maisons habitées par l'aveugle dans la rue de Popincourt, ces indications nous ont même permis d'identifier très exactement ces immeubles. Une première maison avec jardin fut acquise par Lefebvre de Beauvray au moyen d'une sentence de licitation du Châtelet de Paris entre les enfants héritiers de Denis Pillet, jardinier-fleuriste, et Geneviève Langlois, sa femme, sentence suivie d'un décret volontaire et adjugée définitivement le 8 juin 1771 (2). Le 24 novembre 1781, pour agrandir son petit domaine, l'avocat se fit adjuger, moyennant une somme de 7,850 livres, un terrain même rue, tenant à droite à Chevet, à gauche à la manufacture de sparterie (3), licité entre Dominique-Madeleine Moisy, architecte de jardins, et les autres co-héritiers de Jean Moisy, également architecte de jardins (4).

Ces maisons et jardins situés près de la rue des Amandiers appartinrent à Lefebvre de Beauvray qui y élut domicile jusqu'en 1791; c'est là que l'aveugle dicta les mémoires dont nous publions un fragment. Le 9 juillet 1791, Claude-Rigobert Lefebvre de Beauvray et Marie-Marguerite de La Bonne, son épouse, vendirent devant Tru-

---

(1) De 1756 à 1761, l'Almanach Royal indique : Lefebvre, rue Françoise, faubourg Saint-Marcel; de 1762 à 1774 : Lefebvre, rue Sainte-Croix de la Bretonnerie et de 1775 à 1792 : Lefebvre de Beauvray, rue de Popincourt, près la rue des Amandiers.

(2) *Plan des limites de la Ville de Paris* (1726), Archives nationales, q¹ 1099, 162, *faubourg Saint-Antoine*, rue de Popincourt, n°ˢ 11 et 12 du plan : « Maisons appartenant à Pillet, jardinier, occupées par lui et différents locataires. »

(3) Il sera beaucoup question de cette manufacture au cours de ce journal.

(4) (Archives de la Seine). Lettres de ratification d'hypothèques, n° 525. (9 juillet 1791).

bert, notaire à Paris, leurs maisons et jardins, rue de Popincourt, à Augustin Oudart, expert-vérificateur en écritures (1).

Lefebvre de Beauvray s'éloigna-t-il de Paris? nous inclinons à le croire, car nos recherches ne nous ont amené à découvrir aucune preuve de son existence depuis cette date. L'aveugle dut quitter la capitale après la vente de ses propriétés et se retirer en province où ses traces échappent à nos investigations.

L'avocat n'était pas toujours confiné au logis, comme on pourrait le croire en raison de son infirmité; accompagné d'un guide sûr, il se faisait conduire auprès de vieux amis avec lesquels il aimait parler des événements d'actualité; dans la maison des Favart, à Belleville, il trouvait à glaner les anecdotes théâtrales; assis à d'autres foyers, la politique faisant les frais de la conversation, Lefebvre se documentait pour le journal du lendemain. Tout ce qui passionna l'opinion publique pendant ces trois années se trouve consigné dans les mémoires de l'aveugle; les expériences d'aérostation, les scandaleux mystères de l'affaire du Collier, les démêlés de Beaumarchais avec ses contemporains, la réunion des notables en 1787, rien n'échappe au conteur; il sort même de la ville, et les remarques qu'il fait par les yeux de son guide sont souvent judicieuses (2); c'est ainsi qu'afin d'être mieux renseigné, il se fait mener à Thieux, afin d'interroger lui-même les ouvriers indiens d'une fabrique d'étoffes exotiques que l'on vient d'installer dans le château de l'endroit (3).

Il nous a paru intéressant d'extraire de ces mémoires, que Lefebvre de Beauvray avait l'intention de publier sous le titre de *Mémoires raisonnés,* les informations vraiment inédites qu'il dictait à ses secrétaires, c'est-à-dire le récit au jour le jour des événements locaux, formant ainsi la chronique spéciale de ce quartier, de 1784 à 1787.

Le peu que l'on apprendra par ce fragment de journal a été rigoureusement contrôlé, vérifié, et, suivant la mesure du possible, annoté par nous, de façon qu'il peut constituer une sorte de monographie de la rue de Popincourt au xviiie siècle.

De l'examen méthodique que nous avons fait de ses mémoires, il résulte que l'avocat était surtout bien instruit des scandales de son

(2) (Archives de la Seine). Lettres de ratification d'hypothèques, n° 525 (9 juillet 1791).
(2) Au cours d'une de ces promenades, l'aveugle fit l'observation suivante : « A propos d'idées nouvelles analogues au bien public, nous allons en communiquer une plus ou moins utile à nos lecteurs; elle nous est venue à l'esprit en voyageant aux environs de Paris. Il est surprenant, en effet, que l'on ne se soit point avisé de marquer les noms de chaque bourg ou village sur des écriteaux placés à chaque extrémité, comme cela depuis longtemps se pratique pour les noms de chacune des rues de la capitale et des grandes villes de province. » II, 42.
(3) *Bulletin de la Société de l'Histoire de Paris et de l'Ile-de-France. Une colonei indienne à Thieux,* Paul Marichal, 1895, 85-95.

quartier ; il se fait l'écho de la rumeur publique et consigne dans ses papiers les gestes de ses voisins dont il a soin parfois de nous retracer l'existence antérieure ; malheureusement, quelques dames survivantes à un demi-siècle de galanterie, échouées dans cette paisible rue, ne trouvent pas grâce devant sa caustique verve et il nous informe, sans ambages, de leur conduite d'autrefois ou de l'heure présente.

Les autres renseignements donnés par l'avocat de Popincourt ayant un caractère moins anecdotique, présentent assez d'intérêt pour que nous ayons cru devoir les conserver ; ils se rattachent surtout à la disparition du couvent des Annonciades de Popincourt. Les historiens futurs de la région y trouveront quelques indications sur la topographie de cette partie du faubourg Saint-Antoine.

H. VIAL et G. CAPON.

*
* *

Le nouveau réservoir d'eau à peine achevé par les ordres du corps municipal et presque aussitôt démoli sur les anciens boulevards, près de la première barrière du fauxbourg de la Courtille ou du Temple ; démolition subite occasionnée par l'établissement de la nouvelle pompe à feu construite à Chaillot par les sieurs Perrier. — I, 22 (1).

*
* *

L'on devine plus aisément le motif des nouveaux arrangemens pris par l'Académie Royale de musique avec les directeurs des petits spectacles des boulevards pour l'augmentation du tribut annuel qu'elle est par le gouvernement autorisée à lever sur eux ainsi que la Comédie Italienne (2) taxée depuis

---

(1) Le manuscrit est en deux parties : la première, numérotée de 1 à 148 ; la deuxième, de 1 à 335.

Les frères Perrier créèrent sous le nom de Compagnie des Eaux de Paris une Société qui fut constituée le 22 août 1778.

Ils se mirent immédiatement à l'œuvre et construisirent d'abord les pompes à feu de Chaillot ; il parait que cet emplacement fut choisi parce qu'il était sur le chemin du roi pour aller à Versailles ; ce qui lui permettait de visiter facilement les machines qui furent terminées en 1781. (*Belgrand, Les eaux de Paris*, 1877, II, 325, 328).

(2) A la suite de l'incendie de son théâtre au Palais-Royal, l'Opéra s'était établi du 5 octobre 1771 au 9 avril 1782, près de la porte Saint-Martin dans une salle provisoire, construite sur l'ancien emplacement du magasin de la ville, aujourd'hui occupé par le théâtre de la Porte Saint-Martin.

quelque tems à 45 mille livres par année, et même sur le sieur Astley, cet écuyer anglais (1), directeur d'un spectacle de chevaux au faux bourg du Temple, obligé pour son compte de payer à l'Opéra la somme de trois louis par jour et par semaine. — I. 29 verso.

* *
*

Les demoiselles Burette, actrices, l'une à l'Opéra, l'autre à la Comédie-Italienne, avoient loué l'été dernier aux Prés-Saint-Gervais une très belle maison de campagne qu'elles ont subitement quittée sur la nouvelle des recherches que faisoit de toute part M. Doigny, l'un des administrateurs des postes, instruit des dépenses considérables auxquelles se livroit pour l'une d'elles son fils, connu pour être son amant en titre, autrement pour le Français son « *milord pot-au-feu* »; c'est la demoiselle Burette la cadette, actrice du Théâtre Italien, (2) qui joue le rôle de sul-

(Revue rétrospective. Septembre 1837, 461.) Les succès des petits théâtres forains, ses voisins, rendirent l'Académie royale de musique jalouse et, au mois de juillet 1784, elle obtint un arrêt du conseil d'Etat par lequel le roi lui attribuait le privilège de tous les théâtres du boulevard. Campardon. *Les spectacles de la foire*, 1877, I, xxv.)

(1) La redevance des courses de chevaux du sieur Astley fut, de 1784 à 1785, de 2016 livres. Philippe Astley, né en 1742 à Newcastle-under-Lyne, après avoir organisé plusieurs cirques en Angleterre, vint à Paris et ouvrit en 1782 à Paris, faubourg du Temple, près le boulevard un spectacle où l'on voyait des : « exercices de manège et des tours surprenans de force et de souplesse tant sérieux que comiques. » Les deux principaux acteurs étaient Astley père, « le plus superbe homme de l'Europe », et son fils âgé de 17 ans qui « avec des grâces et une vigueur capable d'enchanter le beau sexe » exécutait sur des chevaux courants au grand galop le menuet de Devonshire composé et dansé en 1781, à Londres, par le grand Vestris. On y admirait encore le cheval qui rapporte, le cheval qui s'assied comme un chien, le combat du tailleur anglais et de son cheval, un équilibriste sur le fil d'archal, nommé Sanders, un paillasse d'une agilité merveilleuse et une petite fille de 40 mois qui touchait du forte-piano. Les places coûtaient aux premières loges 3 livres, aux secondes 1 livre 10 sous et au parterre 12 sous.
Astley créa ensuite avec Franconi le fameux cirque Olympique dont la réputation fut si brillante. (Campardon, ibid., 28).

(2) Marie Babin de Grandmaison, dite Burette, née à Blois vers 1776, de parents aisés qui lui firent donner une bonne éducation musicale. Elle se fit entendre la première fois à Paris au Concert Spirituel. La jeune actrice sut conquérir les suffrages de son auditoire, et, peu après, elle obtint un ordre de réception à la Comédie-Italienne où elle débuta le 2 décembre 1782, par le rôle de *Marine* dans la *Colonie*, comédie en deux actes, traduite de l'italien par Framery, musique de Sacchini. (Voir plus loin une autre note sur cette actrice). *Campardon, les Comédiens du roi de la troupe italienne*, Paris, 1880, II, 81).

tane favorite auprès du jeune M. Doigny, fils de l'intendant des postes ; vieillard qui ne prêche d'exemple puisqu'il a lui-même une maîtresse pour laquelle il fait une dépense énorme et qui probablement finira, tôt ou tard, par le ruiner de fond en comble, évènement pour lequel il ne veut pas que son fils contribue pour sa part ou pour son compte. — I, 33 verso.

_

Quelques-uns de nos lecteurs pourroient être fort émerveillés si nous nous avisions de leur faire confidence de certaines anecdotes qui nous ont été tout récemment communiquées sur le compte de Madame Le Prince de Beaumont, cette fameuse institutrice, auteur de différens ouvrages estimés sur l'éducation des jeunes demoiselles (1), mais nous croyons superflu de nous étendre ici sur des particularités qui tendent presque toutes à représenter cette dame née à Rouen le...., morte à Paris depuis 7 ou 8 ans, comme un peu moins estimable par les qualités du cœur que par celles de l'esprit (2). — I, 43.

_

Il est d'autres cas où l'on pêche, au contraire, par excès de finesse et de raffinement. Il nous souvient encore d'un catalogue de livres dans lequel, par un singulier trait d'ignorance déguisé sous un air de purisme ou d'exactitude, on désignoit une certaine femme de lettres sous le titre de Madame la princesse de Beaumont, substitué par l'auteur du catalogue ou par le correcteur d'imprimerie à celui de madame Le Prince de Beaumont, véritable nom de cette dame, comme veuve du sieur Le Prince de Beaumont. Ceci va nous fournir l'occasion de parler un peu d'une autre femme du même nom comme épouse d'un sieur Le Prince de Beaumont, frère cadet du mari de la première. Celle

---

(1) *Madame Marie Leprince de Beaumont*, sœur du peintre J.-B. Leprince, écrivain moraliste ; née à Rouen, le 26 avril 1711 : elle a vécu plusieurs années à Londres, et est morte à Chavanod, près d'Annecy, où elle s'occupait d'éducation en 1780. *Quérard, La France littéraire.* V, 197. *Firmin Didot, 1833.*

(2) Madame Leprince, qui est connue ici pour beaucoup de mauvaises petites brochures, vient d'en publier une un peu plus passable sous le nom de « Triomphe de la Vérité. » Le sujet en est assez agréable, il méritait de tomber dans de meilleures mains. *Maurice Tourneux, Correspondance de Grimm, Diderot, etc.*, Paris, 1877, I, 20¹.

dont il s'agit en cet endroit, aidée des ouvrages et des conseils de sa belle-sœur, avoit établi, rue de Popincourt, faubourg Saint-Antoine, un pensionnat de jeunes demoiselles, établissement d'abord couronné du plus heureux succès, malgré les oppositions presque continuelles du grand chantre de Notre-Dame et des maîtres soumis à sa juridiction, ceux-ci, par là, vouloient la déterminer à prendre leur attache indispensable, à ce qu'ils prétendent, et sur ses refus constants après plusieurs poursuites et procédures faites contre elle, l'ont enfin contrainte à se retirer en cédant son fonds à l'une de leurs protégées de qui le nom ne fait rien du tout à l'affaire. Cette retraite forcée a, dit-on, tellement chagriné madame Le Prince de Beaumont qu'elle est tombée dans une maladie de langueur qui l'a conduite en peu de tems au tombeau. — I, 51.

*
* *

Il avait été question de démolir les bâtimens et l'église du monastère des Dames Annonciades(1), situés rue Popincourt, et dernièrement supprimés; il ne s'agit plus à présent que du projet d'ériger cette dernière en aide ou succursale de Sainte-Marguerite, faubourg Saint-Antoine (2); projet conçu, dit-on, par M. de Beaurecueil (3), curé de cette paroisse, et fortement appuyé par quelques bourgeois du quartier qui désireroient que les anciennes fondations continuassent d'être acquit-

(1) La communauté des Annonciades du Saint-Esprit s'installa dans le faubourg Saint-Antoine, le 12 août 1636. En 1782, la communauté fut dispersée. Dans son curieux journal, Gautier, le dernier organiste de l'abbaye de Saint-Denis, relate que : « Le mardi 28 mai 1782, les Annonciades de Popincourt à Paris ont quitté leur maison qui menaçoit ruine. » (Bibl. nat. mss. fr. 11687, p. 49.) Leur église, établie sous le vocable de Notre Dame de la Protection, fut conservée, la Révolution en fit une paroisse, succursale de Sainte-Marguerite, sous le titre de Saint-Ambroise; cette église resta debout jusqu'au moment où le percement du boulevard du Prince-Eugène (aujourd'hui Voltaire) fit qu'on la démolît pour la remplacer par l'église actuelle, (*Fernand Bournon, Rectifications et additions de l'Histoire de la Ville et du diocèce de Paris, par l'abbé Lebœuf. 1890, 374.*)
(2) En 1787, le roi acheta les terrains où se trouvaient l'église et divers bâtiments, afin d'y établir un hôpital devant contenir trente-six lits pour la garde de Paris. Mais les habitants du quartier obtinrent l'érection de cette chapelle en une paroisse (L'abbé Gaudreau, Mélanges, 1857; partie intitulée : Notice sur Saint-Ambroise).
(3) Charles Bernardin de Laugier de Beaurecueil (F. Bournon, ibid.).

tées au même lieu, ce que nous n'empêchons ni pour le roy, ni pour le public, ni pour notre compte, ni pour celui de nos voisins qui nous avoient invités à signer avec eux un placet à Mgr l'archevêque, relatif à cette affaire. — I, 69.

Ancienne chapelle des Annonciades de Popincourt, devenue église Saint-Ambroise, 1791-1868. Dessin de H. Vial, d'après une lithographie de Berlioz (1825). (Bibl. Nat. Cabinet des Estampes. Topog. de la France. V° XI° arr¹.)

Au reste, du grand nombre d'anecdotes et de nouvelles, que, successivement, ces Mémoires offrent presque à chaque page, on auroit tort assurément de conclure qu'apparemment nous passons les trois quarts de notre vie aux clubbes ou sanédrins (*sic*) politiques qui, chaque jour, tiennent régulièrement leurs assises, les uns à couvert dans les cafés, dans les tavernes à bière, sous les portiques ou sous les arcades de nos places publiques, dans les salles ou les galeries du palais marchand ou de justice; les autres, à découvert, en plein air, aux boulevards, au Luxembourg, aux Tuileries... Nous ne parlons point ici de ce jardin du Palais-Royal, depuis quelque tems devenu, pour ainsi dire, le rendez-vous des libertins et le théâtre des désordres en plus d'une espèce sous la protection et les auspices d'un prince du sang; où les appartemens et les logis sont en quelque sorte distribués par égales portions en mesdames et mesdemoiselles les catins, les ma..... et nos seigneurs les chevaliers-profès du nombreux ordre de la manchette... non certes, ce n'est point là que nous coulons nos jours, c'est autre part, (où donc enfin)(*sic*) : c'est loin de la cohue, du bruit qui ne nous conviennent plus à tant de titres; c'est tantôt au sein de notre famille, auprès de nos foyers domestiques, dans l'intérieur ou dans les jardins dépendans de notre maison, rue de Popincourt; tantôt chez des amis d'élite, sûrs, honnêtes, suffisamment instruits pour nous communiquer en tems et lieu, tous les éclaircissemens nécessaires relativement à nos vues générales ou particulières, tantôt dans notre cabinet, parmi nos papiers [au milieu] des livres de tous les tems, comme de tous les pays, sur toutes sortes de matières. — I, 89-91.

*
* *

Devons-nous, après cela, nous émerveiller ou nous scandaliser des propos malins que l'on tient de nos jours sur une honnête bourgeoise logée depuis quelque tems dans notre voisinage, femme d'esprit et fort instruite, comme l'ayant été dans sa jeunesse par M. Le Cat, célèbre médecin chirurgien de Rouen, dont elle est native, épouse séparée du sieur Pérard de Montreuil(1), architecte, âgée d'environ 40 ans, à qui l'on prête ou l'on donne pour amant clandestin M. Hue de Miromesnil (2), garde

(1) François-Victor Pérard de Montreuil, architecte; sa femme dont il est question se nommait Marie-Marguerite Fro (Archives de la Seine, hypothéques, P 1, f° 18).
(2) Nicolas-Thomas Hue de Miromesnil (Arch. de la Seine, *ibid*., M 7 f° 122).
Pérard de Montreuil fit faillite le 30 juin 1784; son bilan est aux Archives de la Seine (bilans, carton 63, 3459); sa femme figure parmi l'état de ses créanciers pour une somme de 18,000 livres, somme qui lui restait due

des sceaux, notre ancien camarade d'études au collège Mazarin ; tout ce que nous savons personnellement à ce sujet, c'est que la dame reçoit de tems en tems des lettres de Monseigneur le vice-chancelier. — I, 159.

* *

N'oublions point, à ce propos, de faire ici mention d'un placard satirique, un jour ou plutôt une nuit, affiché sur l'hôtel, aujourd'hui de Montalembert, ci-devant occupé par Mgr le comte de Clermont, et plus anciennement encore par l'illustre M. de Réaumur, rue de la Roquette, faubourg Saint-Antoine (1), faisant allusion sans doute à l'aventure peu glorieuse pour M. le marquis de Montalembert avec M. le chevalier de Roufinac, conçu dans ces termes : lâche au théâtre, au lieu de relâche au

sur son contrat de mariage . « On observe que Mme de Montreuil répète contre son mari des sommes exhorbitantes, tels que les intérêts de sa dot depuis son mariage, le prix des meubles, qu'elle a emportés et dont elle jouit ; mais qu'à cet égard, les parties sont en arbitrage à la décision de MM. Dufour et Martineau, avocats. Il est important de remarquer encore à l'égard de Mme de Montreuil que son mari, au moment de leur séparation, a eu la facilité de lui souscrire pour 10,000 livres de billets au porteur, à compte de sa dot ; ainsi, si elle exige ces billets, le montant en sera à déduire sur ses créances. » (*Ibid. État de l'actif et du passif de M. Pérard de Montreuil, architecte du Grand Prieuré de France*).

(1) Cet hôtel avait été bâti en 1708, par l'architecte Dulin, pour Dunoyer, intéressé dans les vivres et plus tard greffier au parlement. Dunoyer légua sa maison par testament aux enfants de son frère. Sa mère, la baronne de Winterfeld, la loua à l'illustre savant M. de Réaumur, qui l'occupait encore en 1752. Le naturaliste établit dans les huit pièces du premier étage de l'hôtel son riche musée d'histoire naturelle, libéralement ouvert au public studieux ; il organisa, dans les jardins et dans les basses-cours, des serres pour les plantes exotiques, des laboratoires, des ateliers, des appareils pour l'incubation artificielle ; enfin, il s'installa pour le mieux afin de poursuivre, à l'abri des visites indiscrètes, les études et les découvertes qui ont immortalisé son nom. C'est en cet état que le comte de Clermont trouva la maison de Dunoyer ; en 1753, il remit les choses en leur ancien état. La salle de spectacle s'éleva sur l'emplacement des laboratoires, les cabinets d'étude devinrent des boudoirs coquets. Après la mort du comte de Clermont survenue en 1771, son hôtel fut acheté par M. de Montalembert, maréchal des camps ; la comédie s'y donna ainsi qu'au temps du comte. La Révolution fut néfaste à l'hôtel de Montalembert, les jardins et les bâtiments furent occupés par des industriels ; en 1847, MM. Outrebon et Langronne, propriétaires du terrain, ouvrirent sur cet emplacement l'avenue de la Roquette. Le percement du boulevard du Prince Eugène, aujourd'hui Voltaire a fait disparaître jusqu'au dernier vestige de cette maison de plaisance. Voir : *Cousin, 1867, Le comte de Clermont.*

théâtre, probablement à cause de la comédie (1) que de tems en tems on y joue en société. — I, 171, recto et verso.

* * *

De l'une ou de l'autre cabale dont il est ici question, n'est assurément point la dame Calabre, veuve d'un particulier du même nom, secrétaire du roy, décédé vers le milieu de l'année dernière (1784), logée à Paris, rue de Popincourt, dans notre voisinage, et passant la plus grande partie à Saint-Sulpice, aux environs de Senlis, dans une maison qui servoit autrefois de résidence à quelques moines Brigitains, aujourd'hui dispersés ou supprimés de fait et non de droit (2), actuellement âgée de 50 à 55 ans, se plaisant toujours à courir « la calabre » (sic) à cheval (3), vêtue en amazone; depuis longtemps maîtresse en titre de M. de Salornoi, lieutenant-colonel au régiment de..., mère d'un jeune homme de 18 ans (M. de Breure), qui peut très bien être son fils et non celui du feu sieur Calabre. — I, 183.

* * *

Dans le pavillon dépendant du petit domaine situé rue de Popincourt près celle des Amandiers, fauxbourg Saint-Antoine, appartenant à l'auteur de ces mémoires et dont il occupe et fait

(1) Outre ses ouvrages scientifiques sur la fortification, le marquis de Montalembert fit aussi des comédies pour son théâtre particulier de l'hôtel de la rue de la Roquette; parmi ces pièces trois ont été imprimées à un petit nombre d'exemplaires:
La Bergère de qualité, 1786, in-8°; *La Bohémienne supposée*, 1786, in-8° *La Statue*, 1786, in-8° (Quérard. *La France Littéraire*, VI, 229).
La Statue (musique de Cambini) fut représentée pour la première fois sur le théâtre de l'hôtel de Montalembert au mois d'août 1784.
La Bergère de qualité (musique de Cambini), représentée pour la première fois sur le même théâtre le 24 janvier 1786.
La Bohémienne supposée (musique de Theoménis) représentée pour la première fois le 7 mars 1776. (Dinaux, *Les Sociétés badines, littéraires, etc.*, 1867, II, 62).
(2) L'ordre de Sainte-Brigitte, confirmé par Urbain VI en 1370, comprend des moines et des religieuses sous la direction de l'Abbesse, qui représente la Vierge dont il a pour mission spéciale de protéger le culte. Cet ordre, très répandu dans le nord de l'Europe, a jeté quelques rameaux dans le sud et donné Œcolampade à la Réforme. *Encyclopédie des Sciences Religieuses*, Lichtenberger, Paris, 1877, II, 435.
(3) L'auteur veut sans doute dire la « calade, » terme de manège. La pente d'un terrain par lequel on fait descendre un cheval au petit galop, pour donner de la souplesse à ses hanches. *Dict. de Littré*.

valoir une partie, avec sa famille, logent depuis quelques mois ensemble durant le peu de séjour qu'elles font à Paris deux jeunes sœurs qui passent en province le reste de l'année, orphelines de père et de mère, toutes deux filles majeures et très honnêtes, l'une, âgée d'environ 21 ans et de figure assez aimable; l'autre, extrêmement contrefaite et d'une stature haute à peine de trois pieds quoique actuellement âgée de 29 à 30 ans... Eh bien ! les bonnes gens du fauxbourg, l'on ne sait trop à propos de quoi, se sont mis dans la tête et vont sans cesse publiant partout, que celle-ci vraisemblablement est la fille puînée du maître et de la maîtresse du logis, qu'à cause de sa difformité, la mère refusant de l'allaiter comme elle avait déjà fait à l'égard de son fils aîné et l'auroit impitoyablement reléguée à la campagne jusqu'à ces derniers tems, qu'enfin le père, ennuyé de l'absence d'un enfant qu'il chérit, malgré tous ses défauts naturels, avoit fait usage de son autorité pour la rappeler auprès de sa personne, à quoi les mêmes narrateurs à l'occasion d'une visite depuis peu rendue par les deux sœurs à l'une de nos voisines Madame de M..., cultivant avec succès l'histoire naturelle, connue pour posséder une curieuse collection de papillons et d'autres animaux rares, conservés avec le plus grand soin suivant les procédés ordinaires, ajoutent que cette dame travestie par eux en peintre, avoit fait exprès venir chez elle la plus petite pour faire son portrait et pour le placer ensuite dans son cabinet parmi ses autres raretés en tous genres. — I, 184.

***

Revenons à Paris pour assister au moins en idée au panégyrique de Saint-Vincent-de-Paul, fondateur de l'hôpital des Enfants-Trouvés, composé par l'abbé Maury (1) nouvel académicien françois, et par lui prononcé successivement dans différentes églises spécialement dans celle des Enfans-Trouvés du fauxbourg Saint-Antoine (2) le mardi 19 juillet 1785 ; dans ce

---

(1) Panégyrique de saint Vincent-de-Paul prêché dans la chapelle du château de Versailles, par ordre et en présence du roi Louis XVI, le quatrième dimanche de carême, 4 mars 1785, publié sur le manuscrit autographe de l'auteur, par L. Sifirein-Maury, son neveu. (Paris, imp. de Casimir, 1827, in-8° de 160 pages. Bibl. nat. Ln.[27] 20,595). Ce panégyrique passe pour un excellent morceau d'éloquence.

(2) Dans cette église fut inhumée Elisabeth Luillier, femme d'Etienne d'Aligre, chancelier de France, fondatrice de l'hôpital des Enfants-Trouvés.

discours, fort estimé des connoisseurs les plus difficiles, l'éloquent orateur fait une mention très honorable de plusieurs personnages illustres du xviie siècle, avec lesquels son saint héros avait eu des relations plus ou moins directes. — I, 213.

*
* *

Il existe à Paris sur le boulevard du Temple un très singulier personnage appelé le comte de Cagliostro (1) le même dont le portrait vient de paraître dessiné d'après nature par Christophe Guérin, à Strasbourg, où M. le comte de Cagliostro a demeuré quelque tems (en marge dans le manuscrit). Dans le fait, espagnol de naissance, âgé de 65 à 70 ans, quoique plusieurs affectent de publier que l'on ne sait de quel pays il vient et que son origine se perd dans la nuit des tems ; l'un de ses domestiques, ajoute-t-on, interrogé sur l'âge de son maître, répondit un jour que tout ce qu'il savoit, c'est qu'il étoit à son service depuis 150 ans. L'on annonce d'ailleurs cet homme extraordinaire comme un adepte possédant la pierre philosophale, la panacée universelle, l'élixir d'immortalité et comme ayant été le contemporain de Melchissédec, avec lequel il se vante d'avoir eu des relations plus ou moins directes, ainsi qu'avec le Christ et le Messie, qu'il prétend avoir connu personnellement, auquel il se souvient en tems et lieux d'avoir fait entendre amicalement qu'il prêchoit une excellente morale, il est vrai que tôt ou tard

---

L'église consacrée sous le nom de Notre-Dame de la Miséricorde existe encore de nos jours ainsi qu'une partie de l'hôpital.

L'établissement des Enfants-Trouvés devint l'hôpital des Orphelins et des Enfants de la Patrie, puis jusqu'en 1853, il fut dénommé Sainte-Marguerite et affecté aux malades adultes. A cette époque on le destina à l'hospitalisation des Enfants Malades, sous le vocable de Sainte-Eugénie, l'impératrice Eugénie étant l'instigatrice de cette œuvre de bienfaisance. On a donné de nos jours le nom du docteur Trousseau à l'ancien hôpital récemment désaffecté. La chapelle existe encore, environnée d'un jardin magnifique, dont la Société des Amis des Monuments, sur la proposition de M. Coyecque, sous-archiviste de la Ville de Paris et du département, a voté le vœu de conservation, dans le but de garder un coin verdoyant dans ce quartier industriel.

(1) Joseph Balsamo, dit le comte de Cagliostro, demeurait dans l'hôtel de Savigny, rue Saint-Claude-au-Marais, tout près du Cardinal de Rohan qui occupait son hôtel de Strasbourg, rue Vieille-du-Temple, et de Madame De La Motte qui habitait rue Neuve-Saint-Gilles. Voir pour Cagliostro l'ouvrage si documenté de M. Campardon intitulé : (*Marie-Antoinette et le procès du Collier*, 1863. Pièces justificatives, 410 et suiv.).

— 18 —

il en seroit mauvais marchand et feroit une triste fin ; l'on assure aujourd'hui que M. le comte de Cagliostro vient d'être arrêté et conduit à la Bastille(1) comme véhémentement suspect d'être l'un des complices de Madame la baronne La Motte, dans la fameuse affaire du collier, ou comme témoin contre le prince Louis, qui très souvent alloit dîner chez ce comte à qui, dit-on, le cardinal avoit plus d'une fois montré mystérieusement le bijou dont il s'agit. — I, 220 verso.

.

Le sieur Gavoty de Berthe, d'une famille originaire de Gênes, natif de.... près Toulon en Provence, entrepreneur d'une manufacture de sparterie (rue de Popincourt, faubourg Saint-Antoine), à laquelle il s'est vu contraint de renoncer par l'inconséquence, plutôt que par l'irrégularité de sa conduite, mais qui continue de subsister toujours par les soins et sous la direction d'un autre particulier de qui l'on ignore absolument le nom (2). I, 221 verso.

Nous venons d'apprendre que Monsieur de Berthe, lundi dernier 19 septembre, est arrivé de Londres à Paris, et rentré dans sa maison, bien résolu de mettre juridiquement tout en œuvre pour se faire réintégrer dans ses droits relatifs, soit à ses effets vendus, soit à l'exploitation de sa manufacture, envahie dans un tems où sans doute il avoit perdu la tête, qu'il paroît avoir recouvrée (note en marge du ms.)

---

(1) *Procès-verbal de capture des sieurs et dame de Cagliostro* : « L'an 1785 le mardi 23 août 1785, à sept heures du matin, nous Marie-Joseph Chenon fils, avocat en parlement, conseiller du Roi, commissaire au Châtelet de Paris, en vertu des ordres à nous adressés à l'effet de faire perquisition chez les sieurs et dame de Cagliostro, nous sommes transportés accompagnés du sieur de Brugnières, inspecteur de police, rue Saint-Claude au Marais, dans une maison appelée l'hôtel de Savigny, où étant et montés au premier étage et entrés dans un appartement, nous y avons trouvé le sieur de Cagliostro dans la chambre à coucher nous lui avons fait entendre le sujet de notre transport, etc. (*Campardon, ibid.* 39.)

(2) Il s'est établi depuis quelques années, rue de Popincourt, une manufacture de corde et de lacets de sparterie qui se fait avec du spart et du genêt d'Espagne. Cet établissement mérite d'être encouragé puisque c'est une branche nouvelle d'industrie. *Watin, 1788, Etat actuel de Paris. Quartier du Temple, 147.*

Mademoiselle Burette (1), l'aînée, avant que d'entrer à l'Opéra, a, durant quelque temps, joué la comédie sur le Théâtre bourgeois de Popincourt. C'est là qu'elle a fait connaissance du sieur Férousa, l'un des associés (fils d'un riche particulier intéressé dans l'exploitation des fours à plâtre situés au-dessus de Belleville et de Ménilmontant), qui conçut dès lors pour elle le plus violent amour, et qui prit un beau jour la poste avec elle pour aller l'épouser à Londres.

Mlle Burette, la cadette, d'abord membre de la même société dramatique, est aujourd'hui comédienne au théâtre Italien. — I. 240.

* *

Nous n'avons pas besoin d'aller chercher si loin les anecdotes suivantes que nous avons trouvées sous notre main, pour ainsi dire et sans sortir de notre quartier, ni même de notre rue. C'est vers la barrière précédemment dite de la Roulette (2), non loin du logis de Mme de Turvois, connue autrefois sous le nom

---

(1) Mlle Buret ou Burette (Mlles Babin de Grandmaison) débutèrent toutes deux à l'Académie royale de musique, la cadette le 17 mai 1781 et l'aînée le 20 novembre suivant.

Mlle Burette aînée resta à l'Opéra et s'y fit remarquer par son zèle et son talent réel et y était encore attachée en 1789.

La cadette y resta peu de temps et quitta l'Opéra pour entrer à la Comédie Italienne, où elle parut pour la première fois le 2 décembre 1782. La fin de cette jeune actrice fut prématurée et tragique : en 1793, elle fut arrêtée à cause de sa liaison intime avec le baron de Batz, dont elle partageait les idées, et par jugement du tribunal révolutionnaire, en date du 27 prairial an II, elle fut condamnée à mort, convaincue « de s'être rendue l'ennemie du peuple en participant de la conjuration de l'étranger et tentant par l'assassinat, la famine, la fabrication de faux assignats et fausse monnaie, la dépravation de la morale et de l'esprit public, le soulèvement des prisons, de faire éclater la guerre civile, dissoudre la représentation nationale, rétablir la royauté ou toute domination tyrannique. » Mlle Burette fut exécutée le même jour, et sur le même échafaud qu'elle, monta et périt également sa suivante, Marie-Nicole-Bouchard, âgée de dix-huit ans.

Campardon, l'Opéra au XVIIIe siècle, 1885 ; — les Comédiens italiens, 1885. 1, 83..

(2) Une partie de la rue Ménilmontant, comprise entre les rues de Popincourt et Saint-Maur, porta le nom de la rue de la Roulette ; on appelait Roulettes les bureaux ambulants des commis des Fermes préposés pour empêcher la fraude. Jaillot fait figurer cette voie sur le plan de 1775, mais il n'indique pas l'emplacement de cette ancienne barrière qui était, en 1700, au coin de la rue de Popincourt.

de Mlle Leduc (1), ancienne maîtresse de Monseigneur le comte de Clermont, prince du sang, mort en 1771, que demeure Mme Brimont (2), née de parents peu riches, soi-disant épouse ou veuve d'un peintre, actuellement âgée de 30 à 35 ans, femme d'esprit, aimable, de caractère autant que de figure, cy-devant maîtresse de Monseigneur le prince de Conti, décédé vers 1778 (3), auquel on prétend qu'elle a constamment été fidèle, en personne qui se pique l'afficher l'ordre au sein même du désordre, se soumettant avec douceur et sans murmurer à tous ses caprices, quelque bizarres qu'ils pussent être. En effet, jusqu'à la mort de ce prince, elle a, pour lui complaire, vécu plusieurs années confinée dans une profonde retraite et réduite même à la plus étroite clôture, dans une fort belle maison située rue Popincourt, sur le coin de la rue Saint-Sébastien, immédiatement contiguë à celle qui naguère appartenait a feu M. Thomas de Pange (4), trésorier à l'extraordinaire des guerres, homme extrêmement charitable, qui n'a laissé qu'une fortune médiocre ou beaucoup moins considérable qu'on ne l'aurait pensé, ce qui porterait à croire qu'à force de faire du bien aux autres, il a fini par se faire du mal à lui-même, ou

---

(1) Mme la marquise de Tourvoye, rue de Popincourt, *Almanach de Paris*. 1785. Bibl. nat., LC^{31} 372, autrefois Mlle Leduc, danseuse à l'Opéra. On lit dans le journal de Barbier, mars 1782 : « M. le comte de Clermont, abbé de Saint-Germain-des-Prés, avait depuis sept à huit ans pour maîtresse Mlle Camargo, fameuse danseuse à l'Opéra. M. le comte de Clermont a changé de maîtresse, on dit même que la Camargo y a donné les mains pour sortir de l'esclavage où elle était. Ce prince a pris Mlle Leduc, autre danseuse de l'Opéra, qui n'est pas jolie mais bien faite. Le Journal de police de l'inspecteur Meusnier nous la dépeint ainsi : « Elle est grande, brune, bien faite, point jolie, en revanche on lui donne de l'esprit. » Elle était fille d'un suisse du Luxembourg de la porte d'Enfer, et débuta toute jeune dans la galanterie. Après s'être fait prier longtemps, elle quitta le président de Rieux pour vivre avec le comte de Clermont. J. Cousin, *le Comte de Clermont, sa cour et ses maîtresses*, 1867, I. 147.
(2) Le prince de Conti mourut le 2 août 1776.
(3) Mme de Brémont, rue de Popincourt (*Almanach de Paris*, 1776).
(4) Thomas de Pange, trésorier à l'extraordinaire des guerres de 1750 à 1776, époque où il se retira de la rue Vieille-du-Temple pour venir rue de Popincourt. *Almanachs royaux* (1749-1775.)
Reconnaissons pareillement, au coin de la rue Saint-Sébastien, quelque chose d'une propriété dont les trois corps de logis et le jardin ne mesuraient pas moins de 3 arpents. Ce lieu fut vendu à l'abbé de Lanne par le marquis de Pange, qui en avait acquis un tiers de Caumont, médecin ordinaire du roi en 1757, un tiers de Malderie, seigneur de Quatreville, et le reste de Bezodis, marchand bonnetier. *Les Anciennes maisons de Paris*. — Lefeuve, Paris, 1875. IV, 286.

plutôt à ses héritiers, respectueusement obligés de s'en tenir dans sa succession à des parts inférieures au moins de deux tiers à celles qu'ils pouvaient raisonnablement espérer. Dans cette même maison toujours occupée par Mme de B. (1) en partie logeait aussi M. Roslin de Livry (2) maître des requêtes, mort depuis quelques jours d'une phtisie pulmonaire à l'âge de ...ans (fils d'un fermier général du même nom), qui de son vivant rendait de fréquentes visites à sa jolie voisine, de laquelle, en conséquence, on le croyait passionnément amoureux. — I, 246.

*.

A quelques pas plus loin, vers la rue des Amandiers et celle du Chemin-Vert, loge un lettré sexagénaire, moins occupé des jouissances du présent que des souvenirs du passé,

..... *Sua cuique voluptas*
Ætati...

partageant le peu de loisirs qui lui restent entre sa famille, ses livres et ses amis... ayant depuis plusieurs années adopté le régime ou pris l'habitude d'avaler un grand verre d'eau le matin pour se guérir ou se préserver d'une infinité de maux ou d'incommodités, se mêlant ou s'embarrassant de ses propres affaires beaucoup plus que de celles d'autrui, croyant en général le bien plus volontiers que le mal sur le compte de son prochain... eh bien! nous demandons s'il est possible, comme on s'en avise quelquefois, de soupçonner un tel personnage d'avoir formé le projet de composer la *Chronique scandaleuse* (3) de ses contemporains et de ses compatriotes, dont en effet il n'a que le dessein d'esquisser l'histoire ou le tableau moral, politique, civil, littéraire, en les peignant avec des couleurs et sous des traits plus ou moins propres à les caractériser, à les faire, en un mot, distinguer des hommes de tout autre siècle et de tout autre pays. — I, 247.

(1) Mme de Brémont.
(2) Roslin d'Ivry, maître des Requêtes, 1772-1785, rue Contrescarpe, faubourg Saint-Antoine. *Almanach Royal*.
(3) *La Chronique scandaleuse ou Mémoires pour servir à l'histoire des mœurs de la génération présente à Paris, dans un coin où l'on voit tout*, 1783, 1 vol, augmenté en 1876 de 2 vol., et en 1791, 5 volumes, par Guillaume Imbert de Boudeaux, né à Limoges, mort à Paris, le 19 mai 1803. Il fut le principal auteur de la *Correspondance secrète*, dite de Métra.

— 22 —

Il est question d'une intrigue galante de Mme la marquise de Montalembert (1), demeurant toujours avec le marquis son époux, rue de la Roquette, faux bourg Saint-Antoine, intrigue plus ou moins secrète que la médisance ou la calomnie imputent à cette jeune dame avec le célèbre virtuose M. de Saint-Georges (2), riche créole américain; l'on parle même d'un enfant né de ce commerce illégitime, mort quelque temps après sa naissance d'une maladie dont on aurait pu, mais dont sans doute on ne se soucioit point de le guérir, conformément sans doute aux vues du père putatif qui profita de cette circonstance pour se défaire sans éclat, d'un fils qu'il avait tout lieu de croire n'être pas le sien. — I. 248 verso.

* *

Cette anecdote, au moins, n'est pas du nombre de celles que nous communique de temps en temps l'auteur de la *Théorie du luxe* (3), ou dont celui de la *Chercheuse d'esprit* nous fait part dans les conversations que nous avons souvent ensemble la pipe en bouche (4), car M. Favart père (5), à qui feu M. le duc

(1) Le marquis de Montalembert avait épousé, le 13 avril 1770, Marie-Joséphine de Commarieu, fille d'un inspecteur général des Domaines de la Couronne de Bordeaux. Abandonnée par son mari à Londres en 1792, elle ne rentra en France qu'après la mort du marquis qui avait fait prononcer son divorce et s'était remarié avec une dame Cadet, de la famille du célèbre apothicaire Cadet de Gassicourt.
Mme de Montalembert a laissé deux romans, dont l'un eut quelque succès. Elle mourut en 1832, le 3 juillet, à Paris. De la Chesnaye-Desbois. *Dict. de la Noblesse*, 1859. XIV, 31. Prud'homme. *Répertoire des femmes célèbres*, 1826. II, 183.
(2) Mulâtre plus célèbre par son prodigieux talent pour l'escrime, et par la manière très distinguée dont il joue du violon, que par la musique de deux opéras comiques : *Ernestine* et la *Chasse*, qui ne survécurent pas à leur première représentation.
Grimm. Diderot. etc., *Correspondance littéraire*. Édit. M. Tourneux, 1877. XV, 132.
(3) George-Marie Butel-Dumont, jurisconsulte et publiciste français, né à Paris, le 28 octobre 1725; d'abord avocat, il devint censeur, secrétaire d'ambassade de France en Russie, puis, directeur du dépôt du contrôle central.
(4) Favart était un enragé fumeur, l'abbé Voisenon lui avait donné les surnoms de Brûle-gueule ou Fumichon. *Mém. et corr. de C.-S. Favart*. III, 129.
(5) Charles-Simon Favart, l'auteur de nombreuses pièces qui firent le succès de l'Opéra-Comique, fils d'un pâtissier qui se vantait d'avoir inventé les échaudés.
Après la mort du maréchal de Saxe (30 novembre 1750), qui poursuivait

de Choiseul avait plusieurs fois promis, sans jamais lui tenir parole, soit un terrain, soit une maison dans la rue et près du café qui porte son nom, comme chacun le sait, aux environs de la nouvelle Comédie Italienne (1), est un des plus intrépides fumeurs qui soient au monde. — I. 252 verso.

.·.

Quant au fameux Cupis dont on parlait tant et dont on ne parle plus, actuellement âgé de 77 ans, il vit toujours retiré dans un petit bien d'un arpent et demi qu'il possède à Montreuil, près de cette capitale, et qu'il fait très avantageusement valoir par lui-même, au point d'en retirer par an neuf ou dix mille livres en fruits de toutes espèces qu'il envoie vendre à Paris par ses préposés ; c'est ainsi que dans sa vieillesse il est devenu cultivateur intelligent, après avoir été, durant sa jeunesse, excellent violon, sçavant compositeur de musique ; témoin le menuet qui porte son nom ; et même écuyer habile comme le prouve assez l'aventure que nous allons rapporter : un homme de sa connoissance avoit un cheval fougueux, indomptable, qu'il propose de lui vendre et qu'il lui vend en effet ; maître une fois du coursier, Cupis monte lestement dessus et sort pour aller faire un tour de promenade dans la campagne, mais, en traversant le Pont-Royal, il est emporté par ce quinteux animal par-dessus le parapet au milieu de la rivière. L'intrépide cavalier, sans perdre ni la tête, ni les arçons, toujours la bride en main, gagne tranquillement, avec son indocile monture, le bord de l'eau sans aucun accident ; en homme également propre au poil, comme à la plume, ainsi qu'à l'archet (2). — I, 251 recto et verso.

Mme Favart de ses assiduités, les époux Favart se retirèrent à Belleville, « grande rue du lieu. » Pendant vingt-deux années de bonheur, de succès et de l'union la plus intime, aucun nuage ne troubla les plaisirs que leur procurèrent l'amitié, les arts et l'éducation de leurs enfants. Leur maison de Belleville devint le centre d'une société d'inséparables amis. L'illustre Crébillon, l'abbé de Voisenon, Lourdet de Santerre, l'aimable chansonnier Lanjon, l'abbé Cosson, MM. de la Place et Goldoni, tels furent les amis dont la mort seule put les séparer.
Mémoires et Correspondance de C.-S. Favart, publiés par A.-P.-C. Favart, son petit-fils, et précédés d'une notice historique par M. H. Dumolard. Paris, Léopold Collin, 1808, I, LXIX.
(1) Aujourd'hui l'Opéra-Comique.
(2) François Cupis, *alias* Camargo, né à Bruxelles, le 10 mars 1719 (Registres de baptême de la paroisse Sainte-Gudule) fils de Ferdinand-Joseph

Notre voisin, Monsieur Gavoty de Berthe, créateur d'une manufacture de sparterie, établie depuis ou neuf ans, rue de Popincourt (1), doué comme presque tous les gens de son pays d'une imagination vive, ardente et singulièrement exaltée, jusqu'à lui faire volontairement sacrifier son tems, sa santé même, et sa propre fortune à l'intérêt public en se livrant aux travaux les plus utiles au plus grand nombre des individus de son espèce, auteur d'un ouvrage sans titre encore manuscrit sur l'administration du Mont-de-Piété dont il a personnellement à se plaindre ; parent d'une dame presque aveugle depuis quelques années, fille de M. N... Le Noir et veuve de feu Monsieur Cogorde, secrétaire du directeur de l'ancienne compagnie des Indes, sœur de M. Lenoir de Mézières, payeur de rentes (2), et

---

Cupis. Il eut pour maître de violon son père qui lui fit faire de rapides progrès. Il n'avait que 19 ans, lorsqu'il se fit entendre à Paris pour la première fois ; néanmoins son talent y produit beaucoup d'effet. Le *Mercure de France* (juin 1738, p. 1116) lui accorde de grands éloges. Le père Caffiaux, dans l'Histoire de la musique, dit : « *Qu'il joignait le tendre et le doux de Leclaire au brillant de Grignon.* » En 1761, il entra à l'orchestre de l'Opéra comme premier violon ; il occupait encore cette place en 1761, mais il cessa de vivre peu de temps après car son nom disparaît de la Musique du Roi et de l'Académie Royale de musique en 1764. Il a publié deux livres de sonates à violon seul et un livre de quatuors pour deux violons, alto et basse. Il a eu deux fils attachés à l'Opéra et qu'on désignait sous les noms de Cupis l'aîné et Cupis le cadet. *J.-F. Fétis. Biographie universelle des musiciens. 1861. II, 404,405.*

Fétis et les autres biographes, voyant le nom de François Cupis disparaître de la nomenclature des musiciens de l'Opéra, en 1764, en concluent qu'il dût mourir peu de temps après ; on voit que le violoniste vivait encore en 1786, et qu'il avait à cette époque 77 ans, ce qui concorde à peu près avec la date de naissance donnée par Fétis. Il ne saurait être question de François Cupis, frère du précédent, né le 10 novembre 1732, baptisé à Saint-Sauveur et tenu sur les fonts baptismaux par sa sœur Marie-Anne de Cupis, *alias* Camargo, la fameuse danseuse de l'Opéra. Voir le petit essai généalogique ci-contre.

(1) Gavoty écrivit un livre relatif à son industrie sous le titre de *Manuel du fileur-cordier*, 1810, in-10. (Bibl. nat. V 25654). Ce manuel fut lu en séance de l'Institut de France, classe des sciences physiques et mathématiques ; Gavoty y revendique le titre de fondateur des sparteries en France. Il termine sa préface en ces termes : « On ne doit pas être surpris que j'aie pu dans un cours d'instruction de 5 mois consécutifs à la corderie impériale du port de Toulon, en 1806, sous la préfecture maritime de M. le général Emeriau, rendre les élèves capables de répondre aux demandes qui vont leur être faites. »

(2) M. Le Noir de Mézières, dont une fille a depuis quelque temps épousé M. Dupré de Saint-Maure, cy-devant intendant de Bordeaux, fils de M. D. de Saint-Maure, maître des comptes, de l'Académie Française, auteur d'une traduction du *Paradis perdu* de Milton, mort depuis environ 8 ou 9 ans. (Note en marge du mss).

Essai généalogique.

FAMILLE CUPIS, *alias* CAMARGO, D'ORIGINE BELGE.

CUPIS, *alias* CAMARGO, FERDINAND-JOSEPH, écuyer, seigneur de Renoussar et d'Opperzielen, né à Bruxelles, en 1694, marié en premières noces avec N..., dont il eut : François Cupis I, né en 1719, à Bruxelles, et Marie-Anne Cupis, en 1710, qui fut la danseuse Camargo; et en deuxièmes noces à Marie-Anne de Smedt, dont il eut : Marie-Anne-Charlotte, en 1731, et François Cupis II, en 1732. De l'une ou de l'autre de ces unions il eut Charles Cupis, musicien à l'Opéra, en 1746.
† à l'Hôtel-Dieu de Paris, le 19 mars 1767.
(*Acte cité par Jal, Dict. critique*).

MARIE-ANNE CUPIS, *alias* CAMARGO, née à Bruxelles, en 1710. Danseuse, pensionnaire du roi à l'Académie royale de musique.
† à Paris, rue St-Honoré, le 28 avril 1770.

FRANÇOIS CUPIS, *alias* CAMARGO, dit : Cupis l'aîné, eut peu de talent, mourut vers 1772 (d'après Fétis).

FRANÇOIS CUPIS I, né à Bruxelles, le 10 mars 1719. (Voir notre note biographique ci-dessus).

JEAN-BAPTISTE CUPIS, dit : Cupis le Cadet. Musicien à l'Opéra, violoncelliste de talent. Il quitta l'Opéra en 1771 et voyagea en Europe. Vivait encore en 1794 (d'après Fétis).

CHARLES CUPIS était musicien à l'Opéra en 1746 (cité par Campardon), tém. au décès de sa sœur en 1770, épouse Anne-François[te] Dufour et vend une maison à Avrainvlle près Arpajon le 6 nov. 1776. Arch. de la Seine. Hyp. Lett. 4317.

FRANÇOIS CUPIS II, né le 10 novembre 1732, baptisé à Saint-Sauveur, épouse en 1770 Marie-Anne Thome de Beaumont (acte de baptême dans Jal). Eut quatre fils (d'après Jal).

MARIE-ANNE-CHARLOTTE CUPIS, *alias* CAMARGO, née le 1er février 1731, baptisée à Saint-Sauveur le 3 du même mois, ouvrière en linge. Légataire universelle de la danseuse, sa sœur, en 1770 (acte de baptême dans Jal).

sa créancière pour une somme d'environ 50 mille livres. Créancière dont il se plaint encore plus amèrement par rapport à ses mauvais procédés, surtout quant aux déprédations vraies ou prétendues, commises par elle ou par ses préposés, affidés, prête-nom, dans sa manufacture (1) et dans sa maison sous le spécieux prétexte, pour son plus grand bien, de le soustraire aux poursuites de ses autres créanciers en faisant saisir et vendre, au nom de la dite dame, la plus grande partie des effets appartenans au sieur de Berthe, sans se piquer d'observer trop scrupuleusement les formalités strictement requises en pareil cas : sur quoi ce dernier à peine revenu tout exprès de Londres où d'autres affaires l'avaient appelé, se propose, tout malade qu'il est, d'intenter au premier jour un procès fort sérieux à son impitoyable parente, procès très long et très dispendieux dont l'issue ne sçauroit qu'être encore plus incertaine. — I. 259 verso.

.*.

N'oublions pas de dire que le sieur Audinot et son associé le sieur Arnoult ont été depuis quelque tems réintégrés dans la jouissance de leur privilège dont ils avaient été, pendant près de dix mois entiers, privés, depuis le commencement de la présente année 1785 ; réintégration toutefois achetée par le sacrifice de 18 mille livres par an au lieu de 30 mille d'abord exigées d'eux par l'Académie royale de musique ou par les sieurs Gaillard et d'Orfeuil en son nom ; les directeurs de l'Ambigu-Comique ont signalé la nouvelle inauguration de leur ancienne salle, située sur le boulevard du Temple, par la représentation solennelle d'une pièce pantomime intitulée : *Le maréchal des logis*, dont le principal héros est le sieur Louis Gillet, retiré maintenant à l'Hôtel Royal des Invalides, peint par le sieur Deville dans un des tableaux exposés cette année au salon du Louvre ; représentation à laquelle ont assisté : le sieur Gillet actuellement âgé de 76 ans, et quarante de ses vieux camarades, le tout gratis pour eux, après avoir été splendidement régalés le même jour par les sieur Audinot et compagnie (2). — I, 278 recto et verso.

(1) La manufacture de sparterie, rue de Popincourt. Thiéry, *Almanach du voyageur à Paris*, *1784*, *421*. Cf. édit. *1785*, *319*.
(2) En juillet 1769, Audinot s'établit sur le boulevard du Temple et substitua aux marionnettes une troupe à qui il fit représenter des petites pièces,

Il vient de s'établir depuis quelque tems sur le même boulevard un nouveau théâtre sous le titre de *Délassemens-Comiques*, sur lequel on a déjà joué plusieurs pièces nouvelles assez goûtées intitulées : *Le financier, poète sans le savoir; Les deux babillardes ou l'échange des deux valets; Le chat perdu et retrouvé* (1), etc. — I, 280.

.*.

Il en est tout autrement de la véritable cause du procès plus que civil, prêt à devenir criminel, dont nous avons parlé quelques lignes plus haut entre la dame de Cogorde et M. Gavoty de Berthe, procès qui, suivant quelques-uns, provient en effet d'un dépit amoureux, quoiqu'aujourd'hui la dame soit âgée de 76 ans (2). — I, 287.

.*.

Les affaires personnelles de notre voisin M. Gavoty de Berthe, s'il faut en croire quelques-uns, paraissent aujourd'hui prendre une tournure plus favorable; en effet, ce galant homme vient, dit-on, de trouver dans les sieur et dame Lacaille, associés pour

---

Son succès alla croissant jusqu'en 1784, époque où l'Opéra eut le privilège exclusif des petits spectacles. Audinot se révolta et voulut lutter, mais il fut évincé et, le 1er janvier 1785, il dut se retirer. Incapable de rester sans occupation il monta un théâtre dans le Bois de Boulogne, au Ranelagh ; mais le souvenir de son ancien théâtre ne le quittait pas. Il plaida, entassa mémoires sur mémoires et prouva d'une façon péremptoire que les droits étaient de son côté. Rien n'y fit et il fallut bien en finir par où il aurait dû commencer, par un arrangement pécuniaire. Il reprit alors en société avec le sieur Arnould Mussot, la direction de l'Ambigu (octobre 1785) et continua avec la même habileté jusqu'en 1795, époque où il se retira définitivement. Il demeurait rue des Fossés-du-Temple (Paroisse Saint-Laurent). *Campardon, Les Spectacles de la Foire. I, 31-73.*

(1) Petit théâtre fondé sur le boulevard du Temple en 1785, par Philippe-Louis-Pierre Plancher Valcour, comédien de province qui y remplissait les triples fonctions d'auteur, d'acteur et de directeur. Incendié à la fin de 1787, il fut reconstruit et ouvert de nouveau en 1788. Il eut un moment de vogue et excita la jalousie des grands théâtres, ce qui provoqua de leur part la défense au directeur de jouer autre chose que des pantomimes et d'avoir sur scène plus de trois acteurs à la fois, qui devaient être séparés du public par un rideau de gaze. Le 14 juillet 1789, jour de la prise de la Bastille, Plancher-Valcour creva la gaze en poussant le cri de : « Vive la liberté! » *Campardon. Spectacles de la foire. I, 236.*

(2) Marguerite Lenoir, veuve d'André Cogorde, conseiller du roi en ses conseils, secrétaire de ses finances, et greffier du conseil d'État. *Arch. de la Seine. Hyp. Rep^e. 11^{52}, 114 v°.*

leur part dans l'acquisition des bâtiments et terrains jadis appartenans aux Dames Annonciades de Popincourt (1), ainsi que dans le célèbre Caron de Beaumarchais, des personnes entièrement disposées à lui rendre les plus grands services, soit en l'aidant de leurs conseils, de leur crédit ou de leur plume, soit en lui fournissant tous les fonds nécessaires, non seulement pour élever des manufactures nouvelles de sparterie, tant à Paris que dans les provinces, mais encore pour former dans quelques-unes de celles-ci des plantations de spart, de cette même plante que l'on étoit obligé cy-devant d'aller chercher à grands frais en Espagne; du reste, Monsieur de Berthe ne redoute, ou semble

(1) Nous donnons ici quelques documents relatifs à la vente des terrains du couvent :
« Vente par Jacques-Jean Le Couteulx, administrateur de l'Hôpital Royal des Quinze-Vingts demeurant à Paris, rue Montorgueil, à demoiselle Jeanne Laudumiey, fille mineure et à demoiselle Anne-Marguerite Laudumiey, receveuse de la Loterie de France, demeurant ensemble rue de Richelieu, et à Monsieur Bon, Gilbert, Perrot de Chezelles, procureur du roy, demeurant à Paris, rue de Popincourt : de deux portions de terrain contenant 1746 toises ou environ, ensemble les batiments construits sur iceluy en l'état où ils se trouvent, faisant partie de l'ancien couvent et enclos de Popincourt, formant cy-devant le couvent des Dames Annonciades du Saint-Esprit, dites de Popincourt, moyennant la somme de soixante mille livres appartenantes au dit vendeur comme en ayant fait l'acquisition par acte passé devant Mᵉ Monnot, notaire, le jour d'hier, insinué le 16 février 1787. » *Arch. de la Seine. Reg. d'insinuations de vente, 130 f° 122*. « Par acte contenant transport passé devant Giltard et son confrère, notaires à Paris, le 10 mars 1789, il a été cédé et transporté à Jean-Baptiste Simonnot, bourgeois de Paris, y demeurant, cul-de-sac Pecquet, paroisse Saint-Jean-en-Grève, par le fondé de procuration de Bénigne Poret, chevalier vicomte de Blosseville, chatelain du Boisherout, Baroy, Du Buchy, seigneur d'Enfreville-la-Campagne, Saint-Amand des Hautes-Terres, de Boudeville, près Fécamp, Vattetot-sur-Mer et autres lieux; cinq mille cinq cent soixante-dix livres de rente annuelle et perpétuelle, exempte de toute retenue d'impositions présentes et futures au principal de 111.400 livres constitué par Jean Chéradame, adjudicataire de l'enlèvement des boues et de l'entretien du pavé de Paris, et Marie-Marguerite Bourgeois, son épouse, au profit dudit sieur *vicomte de Blosseville; de Bon Gilbert Perrot de Chazelles*, directeur général du Bureau Royal de correspondance nationale et étrangère et de *Louis-Antoine Valentin*, ancien contrôleur des guerres, par contrat passé devant Aleaume, notaire à Paris, le 17 novembre 1785, pour le prix de trois portions de terrain vendues par le dit contrat par les dits sieurs de Blosseville et Perrot de Chazelles tant en leurs noms que comme s'étant fait et portés fort du dit sieur Valentin au dit sieur et dame Cheradame, lesquels faisaient partie et étaient à prendre dans l'enclos et terrain formant cy-devant le *couvent des Annonciades du Saint-Esprit, dites de Popincourt*, acquis conjointement par les susnommés du fondé de procuration des dites Dames par acte passé devant Lagrenée, notaire à Paris, le 15 may 1781 Le dit transport fait moyennant la somme de 111.400 livres, pour en jouir en toute propriété ses hoirs et ayans causes (etc.). (*Archives de la Seine, Hypoth. Lettres de ratification, 3802*).

n'avoir plus à redouter maintenant que l'abus du crédit des parens et des amis de sa partie adverse : Madame de Cogorde, crédit dont cette dernière pourroit s'armer contre sa personne en obtenant des ordres supérieurs pour le faire arbitrairement renfermer à l'Hôtel de la Force, à Saint-Lazare, à la Bastille. — I, 800.

*
* *

Un trait véritable et non pas imaginaire concernant le prince Louis et qui semble annoncer en luy plus d'intelligence qu'on en suppose ordinairement, est celui que l'on va lire : l'Hôtel des Mousquetaires Noirs, Faubourg Saint-Antoine, construit vers la fin du dix-septième siècle aux dépens des bourgeois et des autres habitans de ce quartier qui se cotisèrent tous à cet effet pour s'exempter du logement de cette milice turbulente, auquel ils avaient été jusqu'alors assujettis (1). Ce bel et vaste hôtel étant devenu vacant par la suppression des deux compagnies, opérée sous le ministère et par les soins de feu Monsieur le Comte de Saint-Germain. Le bureau de la Ville, conjointement avec le chef de la police, passèrent le bail de tous les batimens et terrains en dépendant, à quelqu'un de notre connoissance : à monsieur Legrand, ancien premier commis dans les bureaux du vingtième, pour en jouir ainsi qu'il le jugeroit à

(1) Après la Fronde, la deuxième compagnie des mousquetaires noirs (ainsi nommés parce que tous les chevaux de cette compagnie étaient de cette couleur) qui tenait quartier à Charenton, vint dans le faubourg Saint-Antoine; les officiers demeuraient rue de Reuilly, en face la manufacture de glaces; les écuries se trouvaient petite rue de Reuilly (aujourd'hui rue Érard); les mousquetaires logeaient chez l'habitant qui devaient en outre leur fournir « les ustensiles et le paquet » c'est-à-dire : les fournitures nécessaires à la cuisson des aliments et le billet de logement ou l'équivalent en espèces; cette obligation vexatoire dura jusqu'en 1699. Louis XIV fit construire en 1700, pour ses soldats d'élite, ce magnifique hôtel qui subsiste encore, et où furent hospitalisés en 1778, les aveugles des Quinze-Vingts. Lorsque la caserne fut construite sous la direction de l'habile architecte Robert de Cotte sur un grand terrain, rue de Charenton, on dut lever une taxe de 150.000 livres sur les propriétaires de la rue du Faubourg Saint-Antoine; en 1711, les échevins de Paris demandèrent encore aux habitants de la région une nouvelle taxe de 25.000 livres pour réparations des dégâts causés dans l'hôtel des Mousquetaires par la Seine débordée, qui eut l'indiscrétion de venir jusqu'à la rue de Charenton, exploit renouvelé en 1740, ainsi qu'en font foi deux inscriptions dans cette rue; M. E. Coyecque, sous-archiviste du département de la Seine, a signalé à la Société de l'Histoire de Paris ces deux inscriptions commémoratives, le 17 février 1891 et le 14 mars 1893. (Voir le Bulletin de la Société de l'Histoire de Paris. 1893, 33)

propos; le parti que prit en conséquence ce dernier fut d'en céder en détail à loyer plusieurs appartemens, jardins, écuries, etc.; quelques-unes de celles-ci restaient encore à louer, Monsieur le cardinal de Rohan l'apprend par les Petites Affiches, s'y transporte aussitôt dans sa voiture, examine le tout avec attention, rencontre sur ses pas le sieur Legrand avec lequel il raisonne longtems à ce sujet et l'engage à venir le lendemain le visiter dans son hôtel, en lui promettant de lui communiquer une idée que la vue des lieux vient de lui suggérer. Le sieur Legrand ne manque pas au rendez-vous, le cardinal alors lui développe le nouveau projet qu'il a conçu dit-il, et digéré dans sa tête pendant la nuit, consistant à faire lui-même, comme grand aumônier de France et comme administrateur en chef à ce titre de la maison royale des Quinze-Vingts, l'acquisition de tout l'hôtel en question pour y transférer l'utile établissement fondé par Louis IX; projet que son Éminence ne tarda point à réaliser comme on l'a vu depuis en agissant sans relâche et très efficacement soit auprès du magistrat de la police soit auprès du corps municipal.

C'est ainsi qu'entre les personnes de la même classe ou de la même espèce :

« Il est des nœuds secrets, il est des sympathies. »

C'est ainsi que par une attraction singulière (pour le dire en passant) nos malheureux confrères sont redevenus encore nos voisins, à peu près comme ils l'avoient autrefois été lorsque nous demeurions au centre de la ville avant que de venir loger dans un de ses faubourgs.

Similis simili gaudet...

Eh! ne vous déplaise, voilà ce que c'est que de n'être pas seul de sa bande à l'instar du pauvre sigma de l'alphabet grec. — I. 303, 304.

.**.

Nous ne sçaurions imaginer ou soupçonner qu'à la dame Lacaille, à peine âgée de 28 ans, qui naguère tenoit un bureau de loterie et dont nous avons déjà touché quelques mots à l'occasion du sieur Gavoty de Berthe, on puisse jamais imputer rien de pareil, quoique cette femme passe pour une intrigante de premier ordre et pour une *faiseuse d'affaires* en plus d'un genre sur le pavé de Paris; affaires dans lesquelles son bonhomme de mari n'entre absolument pour rien, pas plus que dans ses amusemens personnels ou particuliers qu'elle est accoutumée depuis longtems à partager avec d'autres. — I, 310 verso et 311.

**

Le sieur de Cagliostro, qui n'est point Espagnol comme nous l'avons dit plus haut d'après des rapports fidèles, est né de parens juifs, dans une des îles de l'Archipel, dont on n'a pu nous apprendre le nom (1). Entré de bonne heure comme simple frère dans un monastère de caloyers grecs, situé dans cette île, il parvint à gagner l'amitié du frère apothicaire qui lui donna quelques connoissances de pharmacie et lui montra la composition de quelques médicamens; il était à peine âgé de 20 ans, lorsqu'il eut l'occasion de connoître un vieux négociant arménien appelé dans le pays pour des raisons de commerce. Ce dernier tomba malade et se fit transporter dans la maison des caloyers où le jeune Cagliostro le garde, le veille, le soulage, le traite et réussit à le guérir. Revenu par ses soins à la vie, le reconnoissant Arménien prêt à partir, propose et persuade au charitable frère de quitter le couvent dans lequel il végète obscurément pour le suivre dans ses courses, en lui faisant espérer une brillante fortune.

Ils vont ensemble à Venise où le vieux commerçant meurt au bout de quelque tems, et laisse par son testament, tous ses biens à son compagnon. Après avoir recueilli cette riche succession, Cagliostro prend le chemin de Rome; il y vit une jeune et jolie veuve, Génoise de naissance, pour laquelle il conçoit un violent amour, qu'il recherche avec ardeur, et que bientôt il épouse (actuellement âgée de 29 à 30 ans). Les nouveaux mariés partirent pour la Russie; arrivés dans la capitale de cet empire, Cagliostro s'annonce hautement comme un médecin et fait, aidé des premières instructions qu'il avoit reçues dans sa jeunesse, quelques cures qui lui valurent en peu de tems la plus grande

(1) Lefebvre de Beauvray venait de se faire lire les « *Mémoires authentiques pour servir à l'histoire du comte de Cagliostro* », in-8, publiés par le marquis de Luchet en 1785; c'est dans ce livre qu'il trouve le récit vrai ou faux des aventures de Joseph Balsamo.

célébrité. Il est question d'une cure merveilleuse opérée par le même personnage à Basle en 1762, au moyen de certaines gouttes médicinales, dans le Journal de Paris, N° 27 (1783), (note en marge). Séduite et éblouie par tous ces succès, une dame de la Cour s'adresse à lui pour la guérison de son fils unique, attaqué d'une maladie jugée mortelle par tous les gens de l'art. Il ne balance point à l'entreprendre pourvu que la dame lui laissât emmener l'enfant dans sa propre maison pour le soigner plus commodément, elle y consent, elle passe 8 ou 15 jours partagée sans cesse par les craintes et l'espérance que lui font tour à tour éprouver les différentes nouvelles qui lui sont communiquées d'un jour à l'autre par notre empirique... Enfin, Cagliostro remet, parfaitement guéri, sain et sauf, ce cher fils entre les mains de sa tendre mère qui récompense un si grand service par le don de 2,000 roubles. Quelque tems après, le bruit court que l'enfant rendu n'est pas le fils de la dame, mais celui d'une autre qu'il a su se procurer ; bref, il se voit forcé, pour se dérober aux poursuites, de quitter Saint-Pétersbourg, après avoir toutefois reçu, l'on ne sait trop pourquoi, de l'impératrice une gratification considérable. Il se retire d'abord à Varsovie où ne trouvant ni pratiques, ni dupes, ni victimes, il ne demeure pas longtemps ; il en sort précipitamment et sans bruit, pour se rendre à Strasbourg où notre aventurier ne tarde pas à s'introduire chez le cardinal de Rohan, évêque de cette ville, avec lequel il vint ensuite à Paris. — I, 308, 309, recto et verso.

.·.

Une autre affaire qui chaque jour s'embrouille et se criminalise de plus en plus, nous voulons parler de celle du sieur Gavoty de Berthe avec la dame épouse du sieur de Cogorde, qui de son vivant était non pas directeur de l'ancienne compagnie des Indes, mais l'un des quatre secrétaires-greffiers du Conseil privé, tout ainsi que Monsieur Lemaitre dont on parle tant depuis quelques jours à cause de son imprimerie clandestine. Le sieur de Berthe surtout se plaint amèrement, de vive voix et par écrit, d'avoir été dépouillé cruellement, déshabillé nu et cru par la susdite dame de C..., aidée dans cette étrange affaire par le sieur Gaillard, son secrétaire, et par le sieur Bouet, son valet de chambre, les accusant tout haut d'être en quelque sorte trois têtes dans un bonnet, d'intelligence, et ligués tous trois ensemble pour le ruiner enfin de fond en comble. — I, 322.

**

Un docteur en médecine, le sieur Guibert de Préval (1), naguère acquit plus de gloire que de bien soit en inventant un préservatif contre la syphilis, soit en l'essayant lui-même par des épreuves multipliées sur des sujets duement préparés pour l'art par la nature. En présence de plusieurs princes et seigneurs de la Cour, entr'autres M. le duc d'Orléans alors duc de Chartres, à propos de quoi peut-être il est bon de sçavoir que la première de toutes ces épreuves a été faite dans le faubourg Saint-Antoine dans un logis qui fait face au nôtre, rue de Popincourt, logis occupé pour lors par le sieur de Saint-Laurent (2), riche et voluptueux célibataire, à titre de petite maison, sur la porte duquel naguère on lisait encore cette inscription italienne : *Son piccola magabarta.* (3) — I, 323 verso.

**

C'est dans le même quartier que demeure encore le sieur Gavoty de Berthe, logé depuis quelques jours dans un des bâtimens jadis dépendant du monastère des dames Annonciades de Popincourt; le sieur Gavoty de Berthe, inventeur d'une nouvelle machine propre à faire élever les eaux à la plus grande hauteur au moyen d'une méthode presque semblable à

(1) Préval (Claude-Thomas-Guillaume-Guilbert de), médecin consultant du roi de Danemark, à Paris, exclu de la Faculté de Médecine en 1773. Il a publié de nombreux factums pour protester contre cette exclusion. Cf. **A. Corda. Catalogue des factums et d'autres documents judiciaires.** *1896, IV, 563.* Au sujet des expériences de Guilbert de Préval, voir *G. Capon, Les petites maisons galantes de Paris. Daragon, 1902, 24, 25.*

(2) Le sieur de Saint-Laurent, premier commis à la guerre, qui veut entreprendre la fourniture du drap pour l'habillement des troupes. Il a deux marchands attitrés qui lui donnent quarante mille livres de rentes. Il a voulu exercer la même chose pour l'infanterie, mais tout s'y est révolté et s'y est soustrait; on en est aujourd'hui à la cavalerie qui souffre impatiemment ce nouveau joug, et c'est pour assouvir l'avarice de ce commis et de ces marchands qu'on change l'habillement, qu'on donne des habits sans plis et comme des scapulaires et des manteaux au lieu des redingotes, le drap qu'on fournit du bureau est très mauvais et très cher. Ce sieur Saint-Laurent est un chevalier d'industrie, qui est venu à Paris avec rien et qui est aujourd'hui fort riche. Il a fait créer quatre inspecteurs des habillements des troupes à deux mille livres de gages chacun. (*Journal et mémoires du marquis d'Argenson, I. J. B. Rathery, Paris, 1864. VI, 381.*

(3) Il faut lire :
« Son piccola ma garbata »
Je suis petite, mais jolie.

celle du sieur Vera, commis au bureau des postes, sans recourir à celle des pompes à feu tout récemment employées à Paris par les sieurs Perrier pour le même usage ; machine dans laquelle tout s'opère par l'entremise du vide à peu près comme dans celle de Papin, si connue en physique sous le nom de machine pneumatique, et que le sieur de Berthe a déjà même exécutée en petit durant son séjour à Londres, qui fut assez court ; il n'eut que le temps d'y rendre une visite en courant et de communiquer verbalement son projet à M. le comte, fils du marquis de Mirabeau, son compatriote en qualité de Provençal, qui se trouvoit alors dans la même ville. — I, p. 323.

.·.

On ignore parfaitement en quel pays ou sur quel théâtre étranger le sieur de Saint-Georges (1) est allé jouer encore la comédie qu'il ne joue plus, soit en public, soit en particulier, avec Madame la marquise de Montalembert sur celui de son bizarre époux, rue de la Roquette, faux bourg Saint-Antoine, dans l'hôtel ci-devant occupé par Monseigneur le comte de Clermont, et, plus anciennement encore, par Monsieur de Réaumur, théâtre aux nobles représentations duquel monsieur le marquis persiste toujours à ne vouloir point admettre les roturiers ou les bourgeois dont, en général et pour des causes assez connues, il n'est guère plus estimé que de ses illustres confrères : messieurs les gens de condition (2).

(1) « Le chevalier de Saint-Georges naquit à la Guadeloupe, le 25 décembre 1745, et, à l'âge de dix ans, fut amené en France par son père. A treize ans, il fut mis en pension chez M. La Boessière, où il resta six ans. On l'occupoit le matin à son éducation, et le reste de la journée était employé à la salle d'armes. A quinze ans, ses progrès avoient été si rapides qu'il battoit les plus forts tireurs. A dix-sept ans, il avoit acquis la plus grande vitesse. Avec le tems, il joignit encore à sa prompte exécution des connoissances qui achevèrent de le rendre inimitable. Organisé d'une manière délicate et sensible, tous les arts eurent de puissants attraits pour lui; celui de la musique le touchoit plus particulièrement; il s'y fit connoitre par des compositions heureuses, notamment par des *concertos* de violon qui eurent la plus grande vogue. Son talent moëlleux sur cet instrument lui faisoit quelquefois donner la préférence sur les plus habiles artistes de son temps. Recherché dans toutes les sociétés, il fut redevable souvent à la musique de liaisons où l'amour entra pour quelque chose. Doué d'une expression vive, il aimoit et se faisoit aimer. » *Notice historique sur Saint-Georges en tête du traité de l'Art des Armes. De la Boessière. 1818. Bibl. nat., V 43 247.*

(2) Jamais le fameux hôtel de Rambouillet ne rassembla un choix plus

Nous ne saurions positivement assurer que du grand nombre de virtuoses qui figurent sur cette scène privée ou domestique, soit le sieur Richer, frère de l'épouse du fameux musicien monsieur Philidor (1), page de la musique du Roy dans le temps de son enfance ou de sa première jeunesse, tems où le sieur Richer possédoit une voix très sonore et fort étendue, qu'il a tout à coup perdue vers l'âge de puberté sans avoir jamais pu la recouvrer depuis, quoiqu'il continue de chanter encore avec un goût exquis (2). — I, 327 verso et 328.

.*.

Passer du grave au doux, du plaisant au sévère ; l'une de nos courtisanes modernes qui, durant le cours de sa vie, ait sçu réunir l'un et l'autre avec le plus de succès, est la dame ou la demoiselle Fleury (3), notre ancienne voisine, rue de Popincourt, actuellement âgée d'environ 45 ans et depuis quelque temps privée de la vue, par une suite de cette révolution trop

distingué, en savants et en femmes, recommandables sous les rapports de l'instruction et d'agrément pendant plusieurs années. L'on n'était point réputé à Paris, homme de bon ton, si l'on n'étoit point de la société de l'hôtel de Montalembert (*J. de l'Isle de Salle et Imbert de la Plâtrière, 1801, 70*).

(1) Philidor (François-André Danican), compositeur de musique et marchand mercier, avait épousé le mercredi 13 février 1760, Angélique-Elisabeth Richer, fille de défunt François-Joseph Richer, ordinaire de la musique du roy et surintendant de la musique du duc de Chartres. Voir *Jal. Dict. critique*, 963.

(2) Richer (Louis-Augustin) naquit à Versailles, le 26 juillet 1740; à l'âge de huit ans, il entra chez les pages de la Chapelle du roi, et il en sortit en 1756. Dès sa neuvième année, il s'était fait entendre dans quelques motets et la beauté de sa voix lui avait fait accorder une pension par Louis XV. Son début au Concert Spirituel fut brillant : on admira sa belle voix de ténor et son goût naturel. Le roi lui accorda en 1779 la survivance de la charge de maître de musique des enfants de France. La Révolution l'ayant privé de ses emplois et de ses pensions, il trouva, pour compensation, une place de professeur de chant au Conservatoire de musique. Il mourut à Paris, le 6 juillet 1819. *Fétis Dictionnaire universel de musique*, VII, 246.

(3) La dame Fleury dont il est question ici était une ancienne actrice; les mémoires secrets dits de Bachaumont en font mention à la date du 28 avril 1768 en ces termes : « Une actrice doit débuter dans le rôle de Médée, c'est une demoiselle Fleury, surnommée « La Belle ou la Bête » car elle est susceptible des deux surnoms. Elle fut initiée au théâtre par le chevalier de la Morlière, auteur très connu par ses aventures et ses escroqueries. » Elle débuta en octobre 1768, très médiocrement ; elle était, disent les contemporains, assez remarquable par sa belle tête mais trop grosse de corps et pas assez jeune pour faire honneur à son professeur; on l'appelait *la bête* pour la distinguer des autres courtisanes de ce nom. Le prince de Nassau vécut quelque temps avec elle et en eut un enfant.

La dame Fleury est citée dans un rapport de police de 1766 : « Monsieur

ordinaire [aux femmes parvenues à cet âge, sans parler ici d'autres causes plus particulières ou personnelles à celle dont il s'agit; maîtresse d'abord de M. le prince de Nassau-Siegen et successivement de plusieurs autres gens de fortune ou de condition qui l'avoient très bien payée, la demoiselle Fleury s'est enfin vue forcée à son tour de payer des amans, *des greluchons, des farfadais* (sic) à bons deniers comptans, tel que le sieur Piron, jadis intendant de monseigneur le comte d'Artois, attaché maintenant à monsieur le duc d'Orléans (1); monsieur de Blesac,

---

Dumetz, maréchal de camp, ne voit plus la demoiselle Fleury. C'est présentement monsieur Childer, Livonien, logé rue Jacob, à l'hôtel du Port-Mahon, qui l'entretient; il lui a donné une très belle montre le premier jour des noces et lui fait présent de cinquante louis par mois. En considération de cette aubaine que lui a procuré le sieur Toqueny avec qui elle a vécu, elle greluchonne avec lui au lieu et place du sieur Sabatier qu'elle a expulsé (21 février 1766) *Journal de police*. Bibl. Nat. mss. 11360, 35.

Dans un registre de commerçant failli conservé aux Archives de la Seine (faillite de Chapuy, tapissier, rue du Bac) un compte est ouvert à la dame Fleury, demeurant rue Verte-Popincourt. Il s'agit évidemment de la voisine de Lefebre de Beauvray. Le tapissier Chapuy fournit à cette dame en décembre 1778 : « Un feu à griffe et sa paire de bras à trois branches pour la somme de 300 livres; une garniture d'écran à main de 18 livres; du taffetas blanc pour doubler des rideaux de damas jaune et blanc. La fourniture de ces étoffes s'élève à la somme de 527 livres. (Archives de la Seine, Registre 2038, bilan 2955.) La même année elle figure parmi les abonnés de l'Opéra : 3º Rang : Thérèse Fleury, demeurant, rue des Amandiers, Pont-aux-Choux, Paroisse Sainte-Marguerite, demi-loge de six places... 625 livres. Vicomte de Grouchy, *Bulletin de la Société de l'Histoire de Paris*, 1891, p. 149. Un document judiciaire que nous avons entre les mains nous permet d'établir que la fameuse actrice Raucourt fréquentait chez elle :

« Le mardi de la dernière fête de Pentecôte, étant à Vaugirard avec mademoiselle de Raucourt, madame Fleury, demeurant rue Verte, est venue dîner avec elle ; que, pendant le cours, un domestique est venu de la part du maréchal de Richelieu faire dire à mademoiselle de Raucourt de se trouver chez lui à quatre heures de l'après-dîné ; que, ayant rendu compte à sa maîtresse, elle le chargea de dire de sa part qu'elle ne pouvait s'y rendre attendu qu'elle avoit une entorse et le pied enveloppé ; que, ce domestique étant retiré, elle dit au déposant d'aller mettre les chevaux au carrosse attendu qu'elle n'avoit pas de cocher ; qu'il la conduisit avec Madame Fleury à l'hôtel de ladite dame, rue Verte, qu'un des chevaux étant malade, il ôta les chevaux et les mit dans l'écurie de la dame Fleury ; et le carrosse resta dans la cour. »

Déposition d'un domestique de la demoiselle Raucourt (1776 H. Vial et G. Capon. Une actrice au XVIIIᵉ siècle : *La Raucourt*. Ouvrage en préparation).

(1) Pyron de Chaboulon, Jean-Baptiste-Pierre-Julien, avocat au Parlement, et intendant des Domaines de M. le comte d'Artois, et Barbe Steck, son épouse, demeurant rue Basse-du-Rempart (Arch. de la Seine. Hyp. 1202 fº 88). Il était propriétaire d'une maison dans cette rue, maison numérotée 14, qu'il vendit à sa femme, le 10 janvier 1780, devant Coupery, notaire (Ibid, lettre nº 774).

ancien officier au régiment des gardes françaises; selon la louable coutume des personnes de son état qui font circuler ainsi l'argent de mains en mains et vérifie l'antique proverbe : « Ce qui vient de la flûte retourne au tambour ». — I, 367.

***

Le samedi 18 février 1786, le sieur N..., cy-devant épicier à Dijon, sa patrie, meurtrier d'une sœur avec laquelle il logeait et vivait même dans une sorte de commerce illicite depuis quelque tems, rue de Laval, derrière l'Arquebuse (1), faubourg Saint-Antoine ; après avoir avec un couteau dont il s'était ensuite donné plusieurs coups sans se blesser mortellement; après avoir, disons-nous, commis ce forfait motivé, dit-on, par la rage où le mettoit la seule idée du mariage prochain de cette sœur avec un jeune homme, le sieur N.. , pour se soustraire aux vives poursuites des personnes accourues au bruit pour l'arrêter, gagne comme il peut les toits voisins; de là, le malheureux, désespérant de se sauver des mains de la justice et malgré toutes les promesses qu'on lui faisoit du contraire, se précipite en bas la tête la première et se brise le crâne en mille morceaux, non sans avoir auparavant crié : « gare » au monde assemblé dans la rue. — I, 379-380.

***

Combien d'autres crimes, tendant à troubler le bien-être des particuliers, ou celui des familles, sont plus ou moins dignes par eux-mêmes et par leur conséquence de provoquer toute la rigueur des loix pénales. L'on peut entr'autres ranger dans cette classe l'affreuse machination d'un procureur au Parlement, Me Mignon, frère du directeur d'une manufacture de terre d'Angleterre, près du Pont-aux-Choux (2). Cet abominable époux,

(1) Le terrain sur lequel l'hôtel royal de l'Arquebuse était situé à l'entrée de la rue de la Roquette, fut donné aux Chevaliers de l'Arquebuse, pour s'entretenir dans leurs exercices, par lettres patentes de Louis XIV, du mois de décembre 1684, en échange d'un autre terrain qu'ils occupaient près le moulin d'Ardoise, qui fut pris pour la continuation des boulevards. L'uniforme des *Chevaliers de l'Arquebuse* était écarlate, galonné d'or, avec parements et revers de velours bleu de ciel, le bouton doré, avec arquebuse et arbalète en sautoir, couronnées. Ils étaient tenus de s'entretenir dans les exercices militaires, parce que, dans les cas urgents, ils étaient mandés pour prendre les armes et faire le service comme les troupes régulières. Leurs exercices commençaient le premier dimanche de mai et se continuaient jusqu'au jour de la Saint-Denis inclusivement (Thiéry, *Guide des Etrangers voyageurs à Paris*, 1787, 644).

(2) *La manufacture royale de terre d'Angleterre.* Cette manufacture de terres à l'instar de celles d'Angleterre, est établie sur le boulevard, à l'angle

pour jouir à sa fantaisie des biens considérables de sa femme, petite-fille du célèbre peintre Mignard et nièce de feue madame la marquise de Feuquières (1), entreprend de la diffamer et de la perdre, en l'accusant d'avoir voulu l'empoisonner : mais il eut le chagrin de ne point réussir dans une telle accusation ; chagrin qui le conduisit misérablement au tombeau quelques mois après la perte de cet étrange procès...

... Quo non mortalia pectora cogis
Auri sacra fames !...... (Virg.) — I, 408.

.·.

Éloignons-nous de Dammartin et de Compans-la-Ville, pour nous rapprocher un peu de Paris, et pour nous arrêter pendant quelques minutes aux environs de Longchamp, rendez-vous presque universel des élégans et des élégantes de cette capitale qui, tous les ans, à certain jour de la semaine sainte, vont à l'envi

---

de la rue Saint-Sébastien. On y trouve des services complets en plats, assiettes et l'on y exécute toutes les commandes. (Thiéry, ouv. cit. 1787, 642). Le directeur de cette manufacture se nommait en effet Adrien-Pierre Mignon. (Arch. de la Seine, hyp., lettres, 4372).

(1) La marquise de Feuquières : Catherine-Marguerite Mignard, née à Rome en 1657, était morte le 27 septembre 1737 dans son hôtel, grande rue hors la porte Saint-Honoré (cf. Jal, *Dict. critique...* ; Archives de la Seine, Test. Reg. 229, f° 117). Sa petite-nièce se nommait Gabrielle-Adélaïde Mignard, fille de Gabriel Mignard, lui-même fils de Rodolphe Mignard, l'un des fils du grand peintre, et frère, par conséquent, de la marquise de Feuquières ; la mère de Gabrielle-Adélaïde était dame Charlotte-Victoire Dejean. Les parents de cette jeune fille durent obtenir une dispense pour la marier à l'âge de *treize ans et un mois !* avec Mᵉ Adrien Mignon, procureur au Parlement, fils majeur de Pierre Mignon et de Louise Gerbaut, le 31 août 1763, à l'église Saint-Benoît. C'était une nature très précoce. (Arch. de la Seine Etat-civil parisien reconstitué). Lorsque son mari mourut, madame veuve Mignon convola à nouveau en justes noces avec Jacques-François-Pelage-Alexandre, baron de Lefèvre-Graintheville, gouverneur de la ville et port de Barfleur ; elle était séparée de biens avec son second époux lorsqu'elle vendit, le 21 août 1787, une rente de 1250 livres qui provenait de la substitution portée au testament de sa grand'tante Catherine-Marguerite (Arch. de la Seine, hyp. lettres 1431). Vente par la même au même de 835 livres de rente à prendre par privilège sur une maison au coin des rues du Petit-Bac (rue Dupin actuelle) et de Sèvres (Arch. de la Seine, ibid. lettres, 680). Le 12 décembre 1785, elle vendit à Charles Portier, bourgeois de Paris, une maison rue de Richelieu, appelée l'Hôtel de Richelieu ; cette maison appartenait à Gabrielle-Adélaïde Mignard, comme héritière de son père : Gabriel Mignard, héritier lui-même de Rodolphe Mignard, fils du peintre Mignard. (Arch. de la Seine, ibid., lettres, 17961). L'*Hôtel de Richelieu*, appartenait au premier peintre de Louis XIV, il est représenté aujourd'hui par la maison portant le

— 39 —

faire un très peu dévôt pélerinage dans des voitures lestes et décorées avec la plus grande magnificence. Entre tous les personnages qui, cette année, ont paru sur ce fameux théâtre, s'est distingué surtout par le luxe recherché de son équipage et de son ajustement, outre un jeune et riche Américain que l'on ne nomme pas, la demoiselle Adeline, aimable et jeune actrice de la Comédie Italienne, qui, sans doute, n'a point manqué d'y faire de nouvelles conquêtes plus ou moins brillantes que tant d'autres, qu'antérieurement elle avait déjà faites et qui suivait la foule dans son char de triomphe ; on se souvient encore qu'en pareil jour, à pareil lieu, la demoiselle Leduc, d'abord figurante à l'Académie royale de musique, aujourd'hui madame de Turvois (1), (Turvoy (2), nom d'une terre voisine de Sceaux et de Bourg-la-Reine (3), dont elle a joui pendant quelques années et qu'elle a prudemment vendue quelque tems avant le décès de son illustre amant en 1771, dans la crainte d'être, lors de cet évènement, inquiétée par les héritiers même ou par les créanciers de ce prince). (Note en marge) : Fit autrefois celle de feu

nº 21 de la rue de Richelieu. En 1889, l'édilité parisienne fit apposer l'inscription suivante sur cet immeuble : « Le peintre Mignard, né à Troyes en 1603, est mort dans cette maison, le 30 mai 1695. (Le Vayer, Recueil des inscriptions parisiennes, 1893, 201).

La petite-nièce de la marquise, deux fois mariée, est l'objet des remarques critiques de notre auteur dans un autre passage de son journal : « La veuve de Mᵉ Mignon, remariée depuis au baron de Granville [lire : Graintheville] dont elle est séparée de corps et de biens, logée rue de Sève, faubourg Saint-Germain, non loin des Incurables, assez jeune encore, passe assez généralement pour avoir des inclinations semblables à celles de la demoiselle Raucourt : inclinations en conséquence desquelles, sans cesse partout, elle traine à sa suite, deux ou trois nymphes à peu près du même âge et comme elles enrôlées, non dans le régiment d'Anjou, mais bien dans celui de la *Fricarelle*, ainsi que le nomme assez plaisamment le bon Brantôme, dans ses mémoires un peu gaillards sur les Dames galantes de son tems. » I, 408 verso.

(1) Voir sur mademoiselle Leduc, l'ouvrage documenté que publia Jules Cousin, en 1867, sur le comte de Clermont, en deux volumes in-8º. L'érudit fondateur du musée Carnavalet et de la Bibliothèque de la ville de Paris n'a pas connu certains détails que donne notre auteur sur la dame de Tourvoye ; on verra plus loin ceux qui sont relatifs à la fin de la vie de cette personne, ainsi que plusieurs renseignements particuliers que nous avons pu découvrir.

(2) Exactement Tourvoie, commune de Fresne-les-Rungis, à 2 kilomètres d'Antony (Dictionnaire des Postes, 1900).

(3) Sur la seigneurie de Tourvoie, on trouvera beaucoup de renseignements dans l'ouvrage de Jules Cousin et dans la monographie de Fresnes, publiée en 1897 par M. Fernand Bournon. Consulter également aux Archives nationales, le très beau terrier de cette seigneurie en 1699, conservé sous la cote S. 3091.

monseigneur le comte de Clermont, qui pour lors avoit pour maîtresse en titre la demoiselle Camargo, danseuse au même théâtre, qu'il échangea volontairement contre l'autre, entretenue en ce tems-là par M. le président Bernard de Rieux ; l'un des fils du célèbre Samuel Bernard, ex-israëlite, comte de Coubert (1) ; avec cette différence remarquable entre le procédé du prince et celui du magistrat : que le premier reprit mesquinement à son ancienne favorite la plupart des présens dont il l'avoit comblée, et que le second laissa généreusement à la sienne tous ceux qu'il avoit pu lui faire.

La dame de Turvoy toujours vivante et logée, rue de Popin-

Armes parlantes de Mlle Leduc, marquise de Tourvoie.

court, faubourg Saint-Antoine, en face de l'ancien monastère des Religieuses Annonciades (2), est fille du sieur Leduc, jadis

(1) Samuel Bernard était protestant. Les registres du temple de Charenton, détruits en 1871, contenaient de précieux renseignements sur sa famille. Il fut baptisé le 3 décembre 1651. Cf. l'article de Charles Read dans l'*Encyclopédie des Sciences religieuses*, ouv. cit., II, 227.
(2) Ce que les historiens du comte de Clermont. J. Cousin et Sainte-Beuve, ont ignoré et que Lefebvre de Beauvray nous apprend, c'est que la demoiselle Leduc avait survécu vingt-deux années à son noble amant. La dame de Tourvoie ayant prudemment vendu son fief, comme on l'apprendra plus loin, se retira, loin du bruit et du faste dans une retraite charmante du faubourg Saint-Antoine. Ainsi qu'il appert de l'acte qui suit, elle était propriétaire rue de Popincourt, depuis 1765 :
« Par acte devant Boulard, notaire au Châtelet de Paris, le dix-huit décembre mil- sept-cent-soixante-cinq, apert Me Jacques-Charles-André de la

l'un des suisses du Luxembourg, à la porte du jardin, vis-à-vis celle des Carmes Déchaussés. C'était un suisse qui n'entendait point raillerie sur l'honneur des filles et qui même un jour appliqua publiquement sur la joue de la sienne un très rude soufflet pour la punir d'une indécence ou d'une incongruité qu'elle venoit de commettre, soufflet que celle-ci, sans doute, n'a jamais pu lui pardonner, si l'on doit en juger par l'anecdote suivante. Quelque temps après son installation dans la couche ou dans le harem de son Altesse sérénissime, la demoiselle Leduc voit arriver dans son appartement son père tout effarouché, qui lui fait les reproches les plus piquants et les plus amers sur le scandale de sa conduite, reproches impatiemment écoutés par sa superbe fille qui, du ton le plus aigre et le moins respectueux, lui commande de se retirer sur-le-champ, appelle ses gens, et leur enjoint impérieusement de ne plus laisser entrer cet homme, lorsqu'il osera se présenter chez elle. Un instant ensuite, survient le prince qui, paisiblement, lui demande le sujet de tout ce vacarme et du courroux extrême dont il la voit animée; elle se hâte de l'en instruire et de lui déclarer formellement qu'elle sera bientôt forcée de renoncer à tout commerce avec lui, s'il ne la défait pas au plus vite de ce fâcheux censeur dont elle ne sauroit plus supporter les continuelles incartades; en vain, Monsieur le comte de Clermont, avec tout le sang-froid dont il est capable, dit que la douceur seroit préférable, en ce cas-là, à la rigueur, combien surtout il lui importait d'éviter un éclat qui lui feroit le plus grand tort et la feroit considérer à l'égard de son père comme une fille dénaturée; elle insiste, lui fait entendre que sa place de suisse au Luxembourg exposait depuis longtemps le

Guerche, colonel d'infanterie, avoir vendu à demoiselle Elisabeth-Claire Le Duc de Tourvoye, fille majeure, demeurant rue de Popincourt, faubourg Saint-Antoine, une maison sise en cette ville, susdite rue de Popincourt, faubourg Saint-Antoine, tenante aux Religieuses Annonciades et par derrière à une ruelle commune moyennant 48.000 livres. » *Insinuations de Ventes, Archives de la Seine*. Reg. 114, f° 225, verso.

Dans cette solitude, la danseuse vécut de façon à faire oublier sa conduite d'autrefois; peut-être partageait-elle ses loisirs entre les pratiques de la dévotion et sa bibliothèque dont l'inventaire est venu jusqu'à nous. Il est conservé à l'Arsenal; c'est un volume manuscrit (coté 4636). Il est ainsi décrit dans l'ouvrage de J. Cousin sur le comte de Clermont : « Volume in-4° maroquin rouge estampé d'une riche dentelle encadrant aux quatre angles les armes parlantes de la marquise de Tourvoie : une tour soutenue d'une terrasse abaissée qui symbolise sans doute une voie. » Les rapports de police qui documentèrent Cousin sur cette dame sont également conservés à la bibliothèque de l'Arsenal : *Papiers de la Bastille*, mss. 10237-10238. Ils.

sieur Leduc au soupçon de faire la contrebande, soupçon dont aisément on pourrait profiter pour le desservir auprès du gouvernement. A force de criailleries, de larmes et de menaces, elle détermine enfin son trop faible amant à faire usage de cet infâme moyen, il obtient en conséquence et sur la délation de sa propre fille, un ordre supérieur en vertu duquel le pauvre diable est mené à Bicêtre, où sans doute il est mort au sein de la misère et de l'opprobre. Nous ignorons si réellement est douée d'une nature aussi perverse une sœur de la demoiselle Leduc qui vit encore, originairement aussi peu réglée dans ses mœurs, et mariée avec un cordon bleu de la finance nommé Desforges. — I, 411.

.·.

M. Favart, au reste, qui jouit toujours de la meilleure santé pour son âge, aujourd'hui d'environ 76 ans comme étant né vers la fin de 1710, c'est-à-dire dans le même temps que naquit le feu roi Louis XV, possède une bibliothèque fort bien choisie, assez considérable pour celle d'un particulier, pleine de livres rares et curieux en plus d'un genre, livres entre lesquels nous

sont datés de 1752 et donnent à mademoiselle Leduc l'âge de 30 à 35 ans.
Quelle fut la vie de la dame de Tourvoie pendant ces vingt-deux années ? C'est ce que la chronique ne nous apprend pas, cependant il est curieux de constater ici que l'ancienne maîtresse du comte de Clermont, en venant habiter le faubourg Saint-Antoine, y devint presque révolutionnaire ; ne la vit-on pas, en 1790, offrir un drapeau au district de Popincourt? il figure, ce drapeau aux fraîches couleurs, dans une planche de l'ouvrage du comte de Coetlogon : *Les Armoiries de la Ville de Paris 1885*, II, 76, avec le nom de la donatrice.
Sans préciser la date d'une façon absolue, nous pouvons, grâce à la pièce suivante, dire que Mlle Leduc mourut vers la fin de 1792, ou au commencement de 1793. Le document que nous avons trouvé dans le précieux fonds des Hypothèques, aux Archives de la Seine, est une opposition à la vente de l'immeuble de la défunte, immeuble appartenant à son héritier le citoyen Cailleux, procureur de la Commune :
« Du 25e jour de mars 1793.
Opposition à la requête du citoyen Pierre Lattré, ci-devant cocher au service de défunte Marie-Elisabeth-Claire Leduc de Tourvoie, demeurant à Paris, rue Saint-Louis au Marais, n° 92.
Sur le citoyen Cailleux, commissaire de la Commune, demeurant à Paris, rue de Popincourt, au nom et comme seul héritier de la citoyenne Leduc de Tourvoie.
Pour sûreté de la pension annuelle et viagère de 500 livres de rente constituée à son profit par la dite défunte. » *Arch. de la Seine.* Hyp. Reg. L 10. f° 175.

avons remarqué surtout les deux suivans que nous ne connaissions point du tout, ayant pour titre l'un : Nicodemus Frichlinus facetiæ, 1651 (1), l'autre : Quatrains anatomiques des os et des muscles, ensemble le Discours de la circulation du sang, par Claude Binet, chirurgien-juré de la ville de Lyon, avec l'épigraphe : « Virtus sibimet pulcherrima merces », Lyon, 1664 (2). Dans ce deuxième ouvrage on trouve en particulier des vers assez bien tournés, supérieurs pour le moins, quand au mérite de la difficulté vaincue, à ces vers techniques employés, soit par le janséniste Lancelot dans ses Racines grecques, soit par le jésuite Buffier dans les méthodes artificielles pour apprendre la chronologie, l'histoire, la géographie, etc. — II, 6.

***

Dans notre voisinage, rue de Popincourt, vit paisiblement un riche bourgeois d'environ 63 ans, attaché notoirement au même parti, mais un peu plus charitable et plus indulgent pour les faiblesses de son prochain. M. Joignot (3), c'est ainsi qu'on le nomme, ancien cy-devant maître-sculpteur marbrier et marié depuis 1774 avec une jeune femme fort aimable et plus honnête encore, âgée tout au plus aujourd'hui de 22 à 30 ans (4), qui ne

---

(1) Frichlini et Henr. Bebelii facetiæ, accessere sales seu facetiæ ex Poggii libro selectæ ; nec non Alphonsi et Adelphi facetiæ, etc., Argentorati, 1600, 1603, 1609 ou 1625, et aussi Amstel. 1651, in-12°, 3 à 5 francs [17796]. J.-C. Brunet. *Manuel du libraire*, 1861, II, 1400.

(2) Cet ouvrage de Claude Binet est à la Bibliothèque Nationale, cote : Y^e 15537.

(3) Plus exactement Gaspard-Elisabeth Jonniaux, ancien sculpteur-marbrier du roi, membre de l'Académie de Saint-Luc, héritier pour un tiers de Jean-Nicolas Jonniaux, son frère, aussi sculpteur-marbrier, d'une maison sise rue de Popincourt, vis-à-vis celle Saint-Sébastien, adjugée, le 2 janvier 1782, à Nicolas-Thomas Gervais, bourgeois de Paris, demeurant rue de Charenton. *Arch. de la Seine*. Hypothèques. Lettres de Ratil^{on}, n° 13010.

(4) L'épouse du sculpteur Jonniaux se nommait Marie-Josèphe Coulliard ; son mari mourut en 1793, et nous voyons, dans le même fond des Hypothèques que Suzanne-Geneviève Jonniaux, belle-sœur de la dite dame, vend le tiers à elle appartenant dans plusieurs maisons situées à Paris, rues de Popincourt, Saint-Maur et de Ménilmontant, en qualité d'héritière de défunt Gaspard-Elisabeth Jonniaux, ancien sculpteur-marbrier du Roi. *Arch. de la Seine*, ibid. Lettres, 7147. Jonniaux fut l'associé du sculpteur Jacques Adam avec lequel il acheta un terrain aux Religieuses Annonciades, pour y entreprendre de grands travaux.

« Le sieur Jonniaux, sculpteur, supplie le roi de lui accorder des lettres de confirmation d'un contrat passé devant notaires à Paris, le 21 juillet 1769,

sort et ne va jamais dîner en ville qu'en sa compagnie, qui coopère de très bonne grâce à tous ses actes de bienfaisance envers les pauvres; du bonheur de laquelle ne l'empêchent point de s'occuper avec le plus grand soin ses pratiques ou ses lectures pieuses et presque continuelles, pour laquelle il a bien voulu même louer une loge à l'année dans une salle voisine de la Comédie-Bourgeoise où jamais il ne se rend en personne, qui fait elle-même la barbe à son vieil époux après avoir appris exprès à manier le razoir par pure complaisance pour le sieur Joignot, qui, depuis la mort de son ancien barbier, a toujours eu de la répugnance à se laisser razer par un autre. On ne risquerait rien du tout à parier cent ou mille contre un, qu'il est à Paris peu de ménages où règne une si parfaite union. — II, 3.

***

Sans doute il est possible, dans cet état comme dans d'autres [celui d'acteur], de rencontrer des gens estimables; c'est dans la compagnie de ces derniers que de tems en tems nous nous trouvons volontiers avec les auteurs de *Ninette à la Cour* (1), de *la Femme jalouse* (2) et celui de *Richard Cœur-de-Lion*; qui n'est pas, comme il n'a jamais été l'époux d'une comédienne,

par lequel les prieures et religieuses du couvent des Annonciades, établi rue de Popincourt, lui ont cédé à titre de rente foncière et de bail d'héritage non rachetable, un morceau de terre labourable contenant environ un terceau, situé sur le terrain de Ménilmontant; la rente stipulée par cet cacte est de la somme de 12 livres. »

Lettres-patentes qui confirment un bail à rente passé par les dites religieuses au profit du sieur Jonniaux, sculpteur, données à Versailles, juin 1773.

28 avril 1769. Lettres et mémoires concernant une aliénation faite par les dites religieuses, desquels il résulte qu'elles ont abandonné devant notaires, le 28 avril 1769, six arpents onze perches aux nommés Jonniaux et Adam, sculpteurs-marbriers, à la charge d'une rente de 855 livres 8 sous. au denier 25 du principal de 21,385 livres. *Archives nationales*, Q¹ 1237.

Lorsque Gaspard-Elisabeth Jonniaux mourut en son domicile rue de Popincourt, au mois de brumaire an II (octobre-novembre 1793). Ses héritiers passant dans le quartier pour avoir émigré, la nation saisit les immeubles appartenant au sculpteur. Un des héritiers, Antoine Gensanne, qui était officier municipal à l'île de la Réunion, parvint à rentrer en possession des biens de son parent ainsi que les autres co-héritiers. (*Archives de la Seine*. Domaines, carton 518, dossier 223).

(1) *Ninette à la Cour*, par Favart, musique de Saint-Amans, représentée à la Comédie Italienne, le 12 février 1755. (Clément et Larousse, *Dict. des Opéras*. 1897, 779).

(2) *La Femme jalouse*, comédie en 5 actes et en vers de M. Desforges, représentée le 15 février 1785, à la Comédie Italienne. (M. Tourneux, *Corr. de Grimm et Diderot*. XIV, 119.)

ainsi que chacun des deux premiers. Quant à M. Sedaine, il est marié depuis longtems avec la fille d'un avocat au Conseil, feu M⁶ de Serigny, nièce par sa mère de feu M⁶ Dains, alias M⁶ Olivier Le Dain, bâtonnier de l'ordre des avocats; (1) mariage auquel M. Sedaine ne se détermina qu'après avoir, durant plusieurs années, très jeune encore, joué le rôle de complaisant ou d'ami de la maison, chez la dame Lecomte, veuve du lieutenant-criminel, laquelle, par son testament, l'a gratifié d'un legs particulier de trente mille livres. Quoi qu'il en soit, voilà donc enfin M. Sedaine admis dans l'illustre corps de l'Académie Françoise, jeudi dernier, 27 avril 1786; Académie à laquelle, dans son discours de réception, il s'est permis, sur ce qu'elle l'avoit fait un peu trop attendre, d'adresser des reproches indirects très ingénieusement tournés, mais vivement sentis, plus malignement encore applaudis par les assistans de tout sexe et de toute condition. L'on raconte à ce sujet que Sa Majesté s'étant informée du nom de l'académicien chargé de répondre au discours du nouveau récipiendaire et sçachant que c'était M. Lemierre, en qualité de directeur, elle s'était mise aussitôt à chanter un couplet tiré d'une pièce de cet auteur, qui finit à peu près ainsi :

« Quand les deux bœufs sont bien d'accord,
C'est tant mieux pour le labourage. » — II, 9.

(1) Sedaine avait épousé à Saint-Paul, le 4 avril 1769, Suzanne-Charlotte de Sériny (Jal, *Dictionnaire critique*, 1117).

« Sedaine s'était bâti une petite maison rue de la Roquette. (Elle existait encore du temps de Jal, au numéro 13). Lorsque Régnier, le peintre de paysages, recueillit les éléments de l'ouvrage qu'il publia avec Champin le lithographe sous ce titre : *Habitations des personnages les plus célèbres de France*, la maison de Sedaine appartenait à Mme de la Sable qui l'avait acquise des héritiers de notre auteur. Cette dame fit remarquer à Régnier, qui m'a rapporté ces détails, outre la décoration et le plan général de ce petit logis assez singulier, un cadran solaire porté sur un pied en pierre sculpté d'après un dessin de Sedaine, et, dans le fond du jardin, au milieu d'un bosquet, une sorte de cabinet rustique revêtu de troncs et de branches d'arbres. Au bas de cette maisonnette était la chambre de travail du dramaturge. C'est dans cette retraite que Sedaine composa son *Philosophe*; Mme de la Sable fit voir à Régnier une porte assez éloignée du kiosque et lui dit : « Voici la porte à laquelle Sedaine fit frapper, pour en essayer l'effet, les trois coups qui produisent une si vive impression à la représentation du *Philosophe sans le savoir* ». Jal, *Dictionnaire critique et biographique*. 1117.

On sait que la maison de Sedaine fut habitée par le grand historien Michelet. Celui-ci alla habiter rue de la Roquette le 17 juin 1818, et y demeura dix années. Cette maison, qui fut démolie en 1884, faisait partie du n° 49 ; une cité industrielle occupait la place du jardin spacieux, autrefois : « plein de roses et ombragé de sycomores ». (Cf. le journal *La Liberté*, 12 janvier 1884).

.*.

O combien plus prudente et plus sensée n'est point la conduite de ce paisible penseur demeurant au faubourg Saint-Antoine, qui bonnement et sans affectation vient de se joindre à ses honnêtes voisins, pour signer une requête adressée par eux à Mgr l'archevêque de Paris, déjà munie de la signature des plus notables du lieu, sçavoir : M. Le Mérat, président à la Chambre des Comptes de Paris (1); de M. l'abbé de Lattaignant, conseiller de Grande Chambre (2); de MM. le baron et le marquis de Montalembert (3); de M. le comte de Boines ; de M. le marquis de Vignoles ; de M. le vicomte de la Tour du Pin ; de M. Du Codic (4), commissaire des guerres; de M. Hébert, trésorier des Menus (5) ; de M. Perrault de Chezels (6); directeur de la correspondance générale ; de M. Colin de Cancey (7), conseiller à la Cour des Aydes; de M. de Salverte, des Domaines (8); de M. Dalby, avocat au Parlement (9) ; de

(1) Monsieur Antoine-Hilaire-Laurent Le Mairat, rue et près les religieuses de Popincourt, président à la Chambre des Comptes de Paris. (*Almanach royal*, 1787).
(2) Pierre de Lattaignant, conseiller de Grand-Chambre, commandeur de l'ordre de Saint-Lazare, figure sur l'acte de décès de Gabriel-Charles de Lattaignant, l'auteur des *Poésies dérobées*, 4 vol. in-12°; il y est qualifié d'arrière-cousin de l'abbé poète-épicurien. (Jal. *Dict. critique*, 745). Il demeurait en 1787, rue Saint-Sébastien, Pont-aux-Choux. (*Almanach Royal*).
(3) Marc-René, marquis de Montalembert, général et ingénieur, et Jean-Charles, baron de Montalembert, son frère, qui mourut dans l'île de la Trinité en 1810. (Jal. Ibid).
(4) Du Codic, rue des Amandiers (*Almanach de Paris*, 1789).
(5) M. et Mme Hébert, rue des Amandiers (ibid. 1789).
(6) Bon Gilbert Perrot de Chazelles, l'un des associés pour l'acquisition du terrain des couvents de Popincourt, demeurait rue de Popincourt.
(7) Colin de Cancey, Auditeur des Comptes, rue de Popincourt, 14. (*Almanach de Paris*, 1789). Il devint chef de bataillon de la garde nationale et commanda le bataillon de Popincourt. Accusé en 1791 et dégradé pour tentative de réaction, il essaie de se disculper dans une lettre conservée aux *Archives de la Seine*. La femme de Colin de Cancey, qui se nommait Antoinette-Sophie Piètre, avait formulé, en 1792, une demande en divorce; elle habitait à cette époque à Marly, la maison dite de *Cœur volant*, appartenant avant la Révolution à la maison Rohan-Soubise, devenue propriété nationale et à ce titre louée aux époux Colin de Cancey depuis 1789. Le mari s'était réfugiée à Thiais, auprès de sa mère qui mourut en 1792. *Archives de la Seine*. Hyp. Reg. 1152 f° 127 v° et Domaines : Carton 510, (Dossier Rohan-Soubise).
(8) De Salverte père, administrateur général des Domaines et droits domaniaux, rue des Amandiers-Popincourt. (*Almanach Royal*, 1787). De Salverte fils, même adresse (Ibid.)
(9) Guillemot D'Alby, avocat au Parlement, rue des Amandiers (*Almanach de Paris*), 1789. (*Arch. de la Seine*. Hyp. Reg. 1137, 5 verso).

MM. Adam, sculpteurs-marbriers (1), tous logés dans les rues Saint-Sébastien, de Popincourt, des Amandiers; requête par laquelle on supplie ce prélat d'ériger en succursale de l'église Sainte-Marguerite l'église des anciens couvents des Annonciades de Popincourt pour l'avantage moral et spirituel des nombreux et pauvres habitans de ce quartier. — II, 14 verso.

.*.

A ce parti-là (Janséniste), selon toutes les apparences, ne tient ni de près ni de loin l'abbé Mongin, grand chantre de la cathédrale de Narbonne, bénéficier à simple tonsure, d'environ quinze mille livres de rente dont il jouit dans cette capitale en vrai moliniste-épicurien, âgé de trente-six à quarante ans, prétendu fils naturel et soi-disant filleul de M. le prince de Soubise, cy-devant logé commodément chez M. le marquis de Vignoles dont il s'apprête à quitter la maison, depuis la mort [de ce dernier] arrivée le mercredi 17 mai 1786, rue des Amandiers, sur la paroisse Sainte-Marguerite (2). — II, 20.

.*.

Il n'est pas possible de compter davantage sur l'assertion des personnes qui nous faisaient entendre que Louis XVI avait fait don à M. de Calonne d'une terre voisine de Sceaux et du Bourg-la-Reine, appelée Berny, dont feu monseigneur le comte de Clermont jouissait autrefois à titre d'abbé commendataire de Saint-Germain-des-Prés et dont M. le contrôleur général jouit maintenant en vertu d'un bail à lui fait par les économats; Berny n'est pas loin d'une autre terre nommée Tourvoy, de laquelle est aujourd'hui propriétaire un médecin, M. Dideron, âgé de vingt-huit ans, époux d'une femme très riche, âgée de cinquante ans, terre qu'a possédée pendant quelque temps la

(1) Nicolas-Sébastien Adam, sculpteur-marbrier, avait fait construire une maison, rue des Amandiers, sur un terrain acquis le 16 mai 1753. Cette maison, dont héritèrent ses fils : Jean-Charles Adam jeune, peintre, et Gaspard-Louis-Charles Adam, sculpteur-marbrier, le 22 novembre 1786, fut vendue par eux, le 30 juillet 1791, à Jean-Népomucène Hermancel Nast, fabricant de porcelaines. (*Arch. de la Seine*, Hyp. Letres 737, 3ᵉ série). Aujourd'hui, 68, rue du Chemin-Vert, maison dans laquelle est mort Parmentier, le propagateur de la pomme de terre en France.
(2) Nous n'avons trouvé aucun renseignement sur le marquis de Vignolles. Il sera encore question de ce personnage un peu plus loin.

demoiselle Le Duc, maîtresse du même prince, et de laquelle elle porte encore le nom (1), dont le château communique avec celui de Berny par une galerie pratiquée sous terre et sous la

(1) L'ex-danseuse de l'Opéra, dit Jules Cousin, débuta dans les châtelaines avec un aplomb remarquable. Il n'y avait pas trois ans que son nom était rayé des registres de l'Opéra quand elle le fit inscrire sur ceux de sa paroisse à titre de fondation pieuse : le 15 janvier 1745, lisons-nous dans l'*Histoire du Diocèse de Paris*, a été faite par la veuve Lauval une fondation pour deux sœurs de charité. M. Fernand Bournon dans son érudite monographie de la commune de Fresnes, parue en 1897 (Etat des communes à la fin du XIXᵉ siècle, publié sous les auspices du Conseil général) n'a point manqué de signaler le rôle important joué par la maîtresse du comte de Clermont, dame de Tourvoie : « On se scandaliserait plus aujourd'hui qu'autrefois de la publicité d'une pareille liaison. Il est vrai de dire qu'elle était consacrée par sa notoriété même, et qu'un mariage secret fut, paraît-il, consacré entre le prince et la dame de Tourvoie. Les habitants de Fresnes auraient eu mauvaise grâce à s'en montrer choqués. » M. Bournon a découvert dans les archives de la commune l'expédition de l'acte daté du 25 janvier 1755, par lequel la maison dont parle l'abbé Lebœuf fut donnée à la communauté des habitants. Cet acte est publié intégralement dans la notice historique dont nous parlons. Ce ne sont pas les seules libéralités dont la paroisse ait eu à bénéficier de la part de ces puissants voisins, qui semblaient vouloir faire oublier par leur dévotion le mystère de leur conduite. Dès 1749, ils avaient tenu à servir de parrain et de marraine à une des nouvelles cloches de l'église. Cette cloche existe encore aujourd'hui avec l'inscription qui fut gravée alors ; M. Bournon reproduit dans sa brochure l'inscription de la cloche, elle avait été déjà publiée par Guilhermy et Lasteyrie en 1877. (Inscriptions de la France, III, 621.) :

† AU MOIS DE NOVEMBRE 1749 IAY ÉTÉ BÉNITE
PAR Mᵉ LAURENT FRESNEAU PRESTRE CURÉ DE
CETTE PAROISSE ET NOMMÉE LOUISE ELIZABETH
PAR TRÈS HAULT TRÈS PUISSANT ET TRÈS EXCELLENT
PRINCE MONSEIGNEUR LOUIS DE BOURBON
DE CLERMONT PRINCE DU SANG ABBÉ COMMENDA
TAIRE DE L'ABBAYE ROYALE DE SAINT GERMAIN DES PRÉS
LES PARIS ET EN CETTE QUALITÉ SEIGNEUR DE CE
LIEU ET PAR ÉLIZABETH LE DUC DAME DU
CHATEAU ET SEIGNEURIE DE TOURVOIS
IACQUES BAVARD ET PIERRE CHAILLOUX MARG.
NICOLAS IOSEPH GUILLAUME RECEVEUR ET PROCUREUR
FISCAL DE CETTE SEIGNEURIE
L. GAUDIVEAU ET SES FILS M'ONT FAITE.

Les registres paroissiaux de Fresnes, dit M. Bournon, portent à plusieurs reprises la signature de Louis de Bourbon et d'Elisabeth Leduc, comme parrain et marraine d'enfants de Fresnes ; il cite plusieurs de ces baptêmes et continue en ces termes : « Cette brillante époque prit fin après la mort du comte de Clermont, qui survint le 7 juin 1771, son successeur à l'abbaye de Saint-Germain des Prés n'étant pas de la même humeur que lui ; puis la Révolution éclata et Berny fut vendu comme bien ecclésiastique. De cette fastueuse résidence il ne reste plus aujourd'hui qu'une aile transformée en moulin ; le parc a été morcelé, et la plus grande partie de son terrain est devenue le haras de Berny. Après la mort de Mˡˡᵉ Leduc (M. Bournon ignorait que cette dame avait vécu jusqu'en 1793), la terre de Tourvoie fut

petite rivière de la Bièvre. Cette dernière anecdote peut-être ignorée de bien des gens ; nous l'avons nouvellement apprise en nous promenant dans le parc même de Berny. — II, 31.

*
* *

L'on ne s'entretient, on ne s'occupe presque plus actuellement à Paris que du nouveau globe aérostatique à rames avec direction, construit par le sieur Têtu, lancé le 18 juin, dans le jardin

acquise par M. Dideron* (on voit que Lefebvre de Beauvray était bien renseigné), docteur en médecine de la Faculté de Paris. Elle passa ensuite à la famille Darblay qui en est encore propriétaire, mais sans l'occuper. Une fabrique de colle y avait été installée en 1826 ; elle a été remplacée par une fabrique de ciment. Les anciens du pays se rappellent encore avoir vu le petit château avec ses deux tourelles et le fossé qui l'entourait. » En 1867, Jules Cousin visita Tourvoie, il vit encore debout : « le petit castel de Tourvoie au milieu de son enclos à peu près intact ; il a conservé ses pièces d'eau et même sa tourelle pigeonnière, une haute cheminée empanachée de fumée annonce au loin que l'industrie a pris possession de ce domaine. Une briqueterie à vapeur y est établie. Des deux grilles du parc, encore solides, l'une s'ouvre du coté de Berny ; elle est ornée pour le moment de ce singulier écriteau : « Défense de pénétrer dans cette propriété, sous quelque prétexte que ce soit. » Elle était jadis moins revêche ; c'est par là que M¹¹ᵉ Le Duc se rendait au château et recevait son amant. » Nous voulions refaire de nos jours le même pèlerinage, mais M. Bournon qui le fit il y a quatre ans, nous en dissuade dans la notice historique de Fresnes : « Les choses ont encore changé en trente ans ; le petit castel a disparu ; ses grilles aussi, et avec elle l'inscription rébarbative ; mais le carrefour des routes existera sans doute encore longtemps avec son aspect d'autrefois, et peut suffire à faire naître des réflexions philosophiques sur une époque de mœurs si différente du temps présent ». (Cf. F. Bournon. *Monographie de Fresnes*. 1898, 13, 14, 15.

* Dideron, ce médecin dont parle Lefebvre de Beauvray, qui succéda à M¹¹ᵉ Leduc comme seigneur de Tourvoie faillit devenir maire de Fresnes lors de la constitution de la première municipalité en 1790. Mais il se vit préférer un laboureur : Guillaume Moulinot. Le châtelain de Tourvoie eut plus tard des difficultés avec les autorités municipales : c'est ainsi que le 30 floréal an II (19 mai 1794), le conseil entend la lecture d'une lettre où le citoyen Dideron proteste qu'il n'était pas seigneur de Tourvoie, qu'il n'a pas de titres de féodalité relatifs à sa propriété et qu'il s'offre à faire visiter ses papiers si la commune ne se trouve pas assez éclairée. Le conseil en délibéra en ces termes : « L'assemblée, considérant qu'il est à sa connaissance qu'il y a eu autrefois haute, moyenne, basse justice à Tourvoie, mais avant que Dideron en fut propriétaire, arrête qu'il sera demandé au citoyen Dideron ce que sont devenus ces titres. » On ignore, comme la municipalité d'alors ce que sont devenus les titres seigneuriaux de Tourvoie. Cependant M. F. Bournon a vu un document sur parchemin, appartenant à une collection privée aux termes duquel, le 1ᵉʳ juillet 1749, « Élisabeth Claire Le Duc, fille majeure, dame de la terre et seigneurie de Tourvoie en franc-alleu, ayant seule la haute, moyenne et basse justice et la voirie de la dite terre de Tourvoie », concède l'office de greffier de la justice de Tourvoie à Antoine Bellegeulle Caron. F. Bournon, Ibid., 21.

du Luxembourg, à quatre heures après dîner, aperçu dans notre jardin, rue de Popincourt, vers les cinq heures, sur lequel s'est embarqué l'auteur seul, et sans compagnon ; globe, dit-on, bien têtu et bien opiniâtre à se tenir en l'air, attendu que depuis trois ou quatre jours, on n'a pu recevoir encore aucune nouvelle précise de l'heure et du lieu de sa descente. Enfin, par des lettres tout nouvellement reçues de Montdidier, en Picardie, et lues par quelques personnes de notre connaissance, on apprend que l'aérostat dont il s'agit est tombé, non descendu, près de cette ville, et que l'on a trouvé dans la galerie ou dans la gondole, le sieur Têtu, tout froissé, presque sans sentiment, évanoui, bref dans un état qui fait désespérer pour sa vie (1). — II, 35 recto et verso.

.·.

Sans être, à beaucoup près, aussi préjudiciable à la société que l'ont réellement été celles [actions] dont s'était rendu coupable le sieur Poulailler, ce malfaiteur trop célèbre (2) qui vient, mal-

(1) Son ballon était muni de rames en forme de roues de bateau. Sa première ascension, faite à Paris en 1785, présenta une circonstance assez curieuse. Il était descendu dans la plaine de Montmorency avec son ballon. Un grand nombre de curieux, qui étaient accourus, l'empêchèrent de repartir et saisirent le ballon par les cordes qui descendaient à terre. Le propriétaire du champ où l'aérostat était tombé arriva avec d'autres paysans ; il voulut lui faire payer le dégât, et l'on traîna son ballon par les cordes de sa nacelle : « Ne pouvant leur résister par la force, je résolus alors, dit l'aéronaute Testu-Brissy, de leur échapper par adresse. Je leur proposai de me conduire partout où ils voudraient, en me remorquant avec une corde. L'abandon que je fis de mes ailes brisées et devenues inutiles, persuada qu'on ne pouvais plus m'envoler ; vingt personnes se lièrent à cette corde en la passant autour de leur corps, le ballon s'éleva d'une vingtaine de pieds, et je fus ainsi traîné vers le village. Ce fut alors que je pesai mon lest, et, après avoir reconnu que j'avais encore beaucoup de légèreté spécifique, je coupai la corde et je pris congé de mes villageois, dont les exclamations d'étonnement me divertirent beaucoup, lorsque la corde par laquelle ils croyaient me retenir leur retomba sur le nez. » Le même Testu-Brissy exécuta plus tard une ascension équestre. Il s'éleva, monté sur un cheval qu'aucun lien ne retenait au plateau de la nacelle. Dans cette audacieuse ascension, Testu-Brissy put se convaincre que le sang des grands animaux s'extravase par leurs artères et coule par les naseaux et les oreilles à une hauteur à laquelle l'homme n'est nullement incommodé. Il s'occupa, un des premiers, de la direction des ballons sans y réussir. Figuier, Les Merveilles de la Science, 1868, in-8°, II, 488.

(2) Les Mémoires secrets consacrent à cet individu les passages suivants :
« 25 mai 1786. — Il y a deux ans environ que l'on parle d'un fameux voleur, nommé par sobriquet Poulailler, à cause du ravage qu'il causoit dans les fermes, théâtres principaux de ses exploits. On en contoit des

— 51 —

gré toutes les espérances d'un meilleur sort, d'être enfin jugé criminel, condamné comme tel, et, le lundy 3 juillet 1786, pendu publiquement à la porte Saint-Antoine, où le pauvre diable a, dit-on, fait la plus triste figure, tenant les yeux toujours baissés vers la terre, n'osant les lever un instant vers le ciel, depuis la prison du Châtelet jusqu'au lieu de l'exécution. — II, 48 verso.

***

Jusqu'à quand ce triste globe, où nous vivons, sera-t-il en proye aux ravages du plus triste des fléaux? Assurément, il ne tient pas aux philosophes modernes qu'il n'en soit plus ou moins exempt pour le plus grand bonheur de l'espèce humaine, surtout à monsieur Gavoty, qui vient de proposer tous les expédiens ou les remèdes imaginables pour l'en préserver à l'avenir, dans un livre en 3 volumes, nouvellement publié sous ce titre : *État naturel des peuples ou essai sur les points les plus importans de la société civile et de la société générale des nations,* etc. (1). Cet auteur, ancien négociant de Toulon, sa patrie, est l'un des frères de monsieur Gavoty de Berthe, premier entrepreneur d'une manufacture de spart, établie depuis environ neuf ans, rue de Popincourt, au faubourg Saint-Antoine ; en attendant qu'un si louable projet et celui du respectable abbé de Saint-Pierre, renouvelé par le célèbre J.-J. Rousseau de Genève, puisse enfin se réaliser pour la paix perpétuelle de l'Europe. On annonce un

---

aventures merveilleuses, et il étoit surtout la matière des conversations du peuple. Il est arrêté depuis plus de six mois et se défend si bien que, sans doute, on ne trouve point de preuves suffisantes pour le condamner. Quoiqu'il en soit, il devient spectacle aujourd'hui, et, moyennant 12 sols, on a la liberté d'aller le voir dans les prisons du Châtelet. »

Deux mois après, Poulailler était enfin condamné, et on relate son exécution à la date du 4 juillet 1786.

« Hier, le fameux Poulailler a été pendu enfin à la porte Saint-Antoine : il avoit un secrétaire et un valet de chambre, contre lesquels apparemment il ne s'est pas trouvé assez de preuves. Quoi qu'il en soit, tout le peuple s'est empressé d'aller le voir à la potence. Il n'y a point témoigné cette fermeté qu'on s'attendoit à lui trouver, et il est mort comme le vulgaire, ce qui a beaucoup diminué la haute opinion qu'on en avoit conçue. Enfin, il n'a point répondu à sa renommée. Cependant on a gravé son portrait ; on a fait des complaintes sur son compte, et il occupera encore quelques jours le souvenir des Parisiens. » (*Mémoires secrets,* tome XXXII, pages 69, 168).

(1) Quérard attribue cet ouvrage à Gavoty de Berthe, directeur de la manufacture de sparterie ; on voit, par ce fragment des mémoires de Lefebvre de Beauvray, que ce livre en 3 volumes, paru en 1786, fut écrit par le frère de cet industriel, lequel était négociant à Toulon.

traité de commerce entre les cours de France et d'Angleterre, signé le 23 septembre 1786. — II. 69.

* *

C'est ici le lieu de placer une courte digression sur une vieille demoiselle de très bonne famille et d'un mérite distingué, parente de monsieur Rigoley de Juvigny, conseiller au Parlement de Metz (1), nouvel éditeur des bibliothèques de Duverdier et de La Croix du Maine; du fameux Nanteuil, graveur; du feu sieur Lalande, célèbre musicien ; de l'illustre Néricault-Destouches (2), auteur du « Philosophe marié », du « Glorieux », etc.; domicilié dans la petite ville de Saint-Denis en France et que nous ne manquons point d'y visiter à chacune de nos courses annuelles dans les cantons circonvoisins. Cette demoiselle, quoique affligée elle-même d'une surdité qui ne fait qu'augmenter chaque jour, s'est depuis longtems consacrée à l'éducation des jeunes personnes de son sexe : emploi dont elle s'acquitte avec beaucoup de zèle et d'intelligence. Au reste, ces courses, constamment réservées pour la belle saison, nous procurent régulièrement, chaque année, une moisson plus ou moins ample d'idées et d'observations, puisées tour à tour, dans des sociétés que nous varions le plus qu'il nous est possible : matériaux qu'ensuite, dans le cours de l'hiver, nous mettons en œuvre sous différentes formes, soit en vers, soit en prose, et c'est ainsi, qu'assez heureusement nous réussissons à n'être pas plus à charge aux autres qu'à nous-même, par le soin attentif que nous avons de les quitter une minute avant que de leur causer ou d'éprouver, de leur part, quelque ennui, presque inévitable à la longue. Joignez à cela la gaieté si naturelle, en général, aux aveugles ; à laquelle on nous verrait, en particulier, nous livrer avec plus de franchise encore, si nous en trouvions un peu davantage dans la plupart

(1) Rigoley de Juvigny, d'abord avocat au Parlement de Paris, puis conseiller à celui de Metz, littérateur médiocre, mort le 21 février 1788; comme auteur, il fit plusieurs mémoires, et comme éditeur on lui doit la publication des œuvres choisies de Bernard de la Monnoye et l'édition de La Croix Du Maine et de Du Verdier. (Quérard, *La France Littéraire*, 1857, VIII, 51.)

(2) Néricault-Destouches, né en 1680, mort en 1754. Sa vanité lui avait attiré pendant sa vie bon nombre d'épigrammes, et son épitaphe avait été faite avant sa mort : « Ci gît le glorieux à côté de la gloire ». On l'appelait aussi le comique larmoyant. — (M. Tourneux, *Corr. de Grimm.*, II, 333, 379.)

de ceux avec qui nous vivons habituellement. — II, 71 recto et verso.

..

Telle est, probablement, le principe des nœuds qui, depuis plusieurs années, nous unissent à M. Favart père, distingué par tant de succès qu'il a constamment obtenus dans un genre si différent de celui que nous cultivons : succès si glorieusement couronnés par le dernier qu'il vient tout récemment d'obtenir, à l'âge de soixante-seize ans, au théâtre Italien, où le public a. très favorablement accueilli la pièce intitulée : *L'Amitié à l'épreuve;* mise au théâtre en deux actes vers 1775, et remise er trois actes, cette année 1786, avec des changemens considérables tant pour le fond que pour la forme; aussi les spectateurs, ont-ils, à grands cris, demandé l'auteur des paroles, qui s'est présenté devant eux avec M. Grétry, l'auteur de la musique ; et de qui (M. Favart) l'on a, depuis peu, placé, dans le foyer du même spectacle, le buste exécuté d'abord en plâtre pour l'être bientôt en marbre par M. Caffieri, fameux artiste, originaire d'Italie, membre de l'Académie royale de peinture et de sculpture; l'on ajoute que ce buste dont, en total, le prix pourra monter à mille écus, est un présent fait par cet honnête sculpteur aux Comédiens-Italiens, qui ne manqueront pas de le récompenser en lui donnant ses entrées franches à ce théâtre (1). — II, 74.

..

Nous venons d'apprendre à l'instant même que Beaujon, d'abord négociant armateur à Bordeaux, ensuite banquier de la Cour, après M. De La Borde, son compatriote, lequel avoit succédé dans cette place à feu M. Paris de Montmartel, successeur du fameux Samuel Bernard, comte de Coubert, avait deux frères, dont l'un vit retiré dans la capitale de la Guyenne, leur

---

(1) Dans son curieux et très documenté ouvrage sur les Caffieri, M. Guiffrey dit n'avoir rien trouvé relativement à ce buste : « J'ai vainement cherché, dans les auteurs du temps, un mot sur le buste de Favart. Caffieri était en relations intimes avec la famille Favart. » Guiffrey. *Les Caffieri,* 1878, in-8°, *333.* Dans le livret du Salon de 1783. on voit que le buste de Favart en terre cuite fut exposé par l'artiste en même temps que la statue de Molière, le buste de Rotrou en marbre, et ceux en terre cuite de Thomas Corneille et d'une dame.

patrie commune, et qu'il les a concurremment nommés légataires universels de tous ses biens, substitués seulement à ses neveux et nièces par un testament dont l'exécuteur testamentaire est M. le Président de Lamoignon, gratifié même, à ce titre, d'un diamant de cent mille livres (1). Ce testament (2) contient encore plusieurs legs particuliers pour la valeur d'un million, spécialement de deux cent quarante mille livres au sieur Guillaume (3), son agent ou son homme de confiance, de différentes sommes aux femmes si connues à Paris sous le nom de ses « Berceuses » ou « Sunamites » (4), sçavoir, de 150 mille livres à la baronne de*** (5), épouse du sieur Fenouillot de Falbert (6), auteur du drame en vers en cinq actes intitulé : « L'hon-

(1) Voir aux Archives de la Seine, l'insinuation de ce testament copiée quasi-intégralement (*Registre 263, f° 188*) : « Je prie Monsieur de Lamoignon, président du Parlement, de se charger de l'exécution de mon présent testament et d'accepter mon beau service de porcelaine avec les cuvettes en argent sans la plus légère exception.
« Je prie Monsieur et Madame de Lamoignon de vouloir bien agréer le legs que je fais à Mademoiselle Constance de Lamoignon, leur fille, d'un diamant de cent mille livres, lequel sera remis à Monsieur et à Madame de Lamoignon pour en jouir par eux et le survivant d'eux leur vie durant. Je prie encore Monsieur de Lamoignon d'agréer la nomination que je fais de monsieur Guillaume, mon caissier, et d'une autre personne que je me propose de nommer pour exécuter conjointement, avec monsieur le Président, mon présent testament et les codicilles que je pourrai faire par la suite. » (*Arch. de la Seine, ibid. f° 195*). Maître Griveau, notaire, fut le troisième exécuteur testamentaire de Beaujon. (*Ibid. Codicille Beaujon, f° 195*).
(2) Nous devons remarquer ici que Jal, ordinairement si bien renseigné, se trompe dans son article Beaujon. Il dit : « Les biographes paraissent n'avoir point connu l'époque de la mort du respectable Jean-Nicolas Beaujon ; je vais sur ce point compléter leurs renseignements. Beaujon mourut le 8 ventôse de l'an VIII, 29 décembre 1799 rue du Montparnasse, 1545. L'acte de son décès inscrit au registre de l'ancien onzième arrondissement de Paris, dit que le défunt était âgé de soixante-dix-sept ans. » Il confond le fondateur de l'hôpital mort en 1787 avec un de ses frères qui mourut en 1799. (Jal, *Dict. critique*, 146.)
(3) Je donne à monsieur Guillaume, mon caissier, la somme de deux cent cinquante mille livres une fois payées. ».(*Ibid., Test. Beaujon, f° 195*).
(4) Le sieur Beaujon se couche ordinairement sur les neuf heures ; alors il admet ce qu'il appelle ses berceuses. Ce sont de jeunes et jolies femmes. qui viennent le caresser, lui faire des contes et l'endormir. Elles sont au nombre de cinq ou six, toutes femmes comme il faut (entr'autres madame Du Lys, femme du lieutenant-criminel ; la baronne de Cangé [corr. Quingey]), mais bien payées pour cela et cette dépense coûte au financier 200.000 livres de rentes. Quand il est assoupi, on descend, on sert un splendide souper et l'on s'amuse quelquefois jusqu'au réveil du sieur Beaujon qui se lève à quatre ou cinq heures du matin. (Espion anglais. I, 257).
(5) Baronne de Quingey.
(6) Fenouillot de Falbaire de Quingey, (Charles-Georges), auteur dramatique, né à Salins, le 16 juillet 1727, mort à Sainte-Menehould le 28 oc-

nête criminel », de 200 mille à la dame épouse ou veuve de M. Têtard Du Lys, ancien lieutenant-criminel (1), de douze mille à chacune des demoiselles B***, P***, et G*** (2), actrices ou danseuses de l'Académie Royale ; à quoi l'on ajoute que M. le Président de Lamoignon, avant la mort du testateur, avait heureusement interposé ses bons offices pour le réconcilier avec ses deux frères et pour l'engager à s'intéresser pour un de ses neveux (3), au point d'acheter une charge de conseiller à la Cour des Aydes de Paris pour ce jeune homme fort honnête qu'il a, depuis, avantagé d'un million, soit en argent, soit en papier en le mariant avec l'une des filles de M. le Président. Au surplus, la fortune entière laissée par ce matador de la finance, moins considérable que le public ne la suppose s'il faut en croire M. Guillaume, son ancien caissier, est évaluée par les uns à deux millions de rente et par d'autres à 41 millions de principal ; aussi

---

tobre 1800, selon les uns, et en mai 1801 selon les autres. Débuta au théâtre en 1767 par *L'Honnête Criminel*, drame en cinq actes et en vers, inspiré par les malheurs et le dévouement de Jean Fabre. Cette pièce fut accueillie avec enthousiasme et c'est à elle que Jean Fabre dut son entière réhabilitation ; en 1772, Fenouillot de Falbaire obtint, dit-on, par l'influence de sa femme, la baronnie de Quingey dont il prit le nom et la place lucrative d'inspecteur des salines de l'Est, *Nouvelle Biographie générale*, Firmin-Didot, 1858, XVII, *346*. Le testament de Beaujon ne contient aucun legs attribué aux époux de Quingey, peut-être y eut-il une donation antérieure ?

(1) « Je déclare que c'est par invitation particulière que Monsieur et Madame Du Lys sont venus loger chez moy à l'hôtel d'Évreux ; mon intention a toujours été, en les invitant d'accepter les appartemens qu'ils occupent de ne prendre aucuns loyers pour eux ny pour leurs gens, encore moins aucune pension ; j'ai confirmé cette disposition par acte passé devant notaire. Néanmoins, pour éviter jusqu'à l'ombre d'une discussion, je déclare formellement que mon intention est qu'il ne soit rien exigé par mes représentans et légataires contre Monsieur et Madame Dulys pour loyer et pensions pour eux et leurs gens. J'entends que sur le fonds de ma succession il soit placé en rentes de la nature de celles qu'il est permis aux gens de mainmorte de posséder, une somme de cent cinquante mille livres. Je donne la rente que produira ce capital à Monsieur et Madame Dulys pour par eux et le survivant d'eux en jouir en usufruit leur vie durant. » Arch. de la Seine (*Test. Beaujon, ibid. f° 192 verso*).

(2) Il n'est pas question de legs à des actrices dans le testament dont nous avons vu la copie aux Archives Nationales (V. 62 f° 62) et aux Archives de la Seine (R. 263 f° 188). Il y a cependant un legs de douze mille livres à mademoiselle Brousse, demeurant chez Madame Watar.

(3) « Je donne à Monsieur Balan, mon neveu, et à Mademoiselle Carteau, sa sœur, à chacun cent cinquante mille livres une fois payé sous charge de substitution que je vais établir : j'entends que les cent cinquante mille livres par moy léguées à chacun des sieur Balan et dame Carteau et les cent mille livres léguées à chacun de Messieurs Beaujon, soient et demeurent substituées par les degrés de substitution autorisés. » (*Ibid., Test. Beaujon, f° 194*).

son enterrement fait à Paris, le 22 décembre, avec une pompe extraordinaire, a-t-il été pris, par la populace accourue sur son passage, pour le convoi d'un prince de qui l'on transportait les froides reliques dans un corbillard superbement orné (1). — II, 105 recto et verso.

.ˑ.

Nous pouvons, dès cet instant même et sans en attendre un autre plus favorable, rapporter au moins quelques particularités sur deux illustres membres de l'Académie Française, moins recommandables, peut-être, par les qualités du cœur que par celles de l'esprit. L'un est M. l'abbé de Voisenon, mort en 1775, comme il avoit vécu, c'est-à-dire aussi peu conséquent dans sa théorie que dans sa pratique ; l'autre est M. le comte de Buffon, vivant encore, âgé d'environ quatre-vingts ans, de qui la tête commence à baisser considérablement, au rapport de quelques personnes qui l'approchent et qui le voyent très fréquemment. Aurions-nous donc un si grand tort d'attribuer à cet affaissement l'espèce de vanité qu'on lui reproche et qui l'a fait consentir à ce que, de son vivant, on érigeât en son honneur un monument placé dans un des édifices dépendans du Jardin des Simples où l'on voit son buste avec cette inscription fastueuse : *Ingenii Majestas par Majestati Naturae* (2). Ce jardin reçoit

(1) On remarquera ici combien l'avocat aveugle était exactement renseigné. Sauf les legs à la baronne de Quingey et aux actrices tous les chiffres contrôlés sont à peu près exacts, et encore nous ne saurions affirmer qu'il n'existe pas de donations particulières en dehors du testament. Le minutier de l'ancien notaire à la mode au xviiie siècle, celui de maitre Lerot d'Auteuil élucideraît sans doute cette question. (Le minutier de M⁰ Le Pot D'Auteuil du 16 mars 1759 au 13 sept. 1783, est conservé aujourd'hui dans l'étude de M⁰ Bertrand-Taillet, notaire, rue Pierre-Charron, 66).— Cf. la remarquable monographie de l'hôpital Beaujon, publiée en 1884, (E. Dentu, édit), par le docteur Charles Fournel ; cet auteur fut le premier à découvrir l'erreur commise par Jal et il donne dans son livre le testament du financier, dont l'original lui fut obligeamment communiqué par M⁰ Martin Deslandes, prédécesseur de M⁰ Bertrand-Taillet.

(2) Jean-Louis Leclerc, comte de Buffon (1707-1788), intendant du Jardin du Roi. — Statue. — Marbre. — H. 2 m. 90, par Pajou (Augustin). *Debout. le torse nu et drapé, perruque tombant sur les épaules, il tient un style de la main droite et, de l'autre main, une tablette posée verticalement sur une mappemonde. Aux pieds du personnage, un lion, un chien, un serpent, des madrépores, etc. ;* sur le revers de la tablette que soutient Buffon est gravé : Pajou *1776*. Sur la face antérieure du socle se lit l'inscription : Majestati naturae par ingenium. Une seconde inscription gravée sur un morceau de marbre de forme rectangulaire a été fixée sur le devant du piédestal Elle porte : *Le cervelet de Buffon, offert au Muséum par MM. Faujas de Saint-*

tous les jours des accroissemens avec des embellissemens nouveaux ; tout cela s'exécute par les soins et sous les ordres de l'intendant en chef de M. le comte de Buffon qui, pour ceux-ci, continue de prodiguer le fer toujours fourni par ses forges de Montbard et qui projette une augmentation nouvelle en achetant, des deniers du Roy, l'hôtel de Vauvray pour lui servir de nouveau logement au lieu de l'ancien qu'il destine à l'agrandissement du cabinet de Sa Majesté.

Cet hôtel de Vauvray, dont Mme de Staal, cy-devant Mlle de De Launay, si galamment chantée par l'aimable abbé de Chaulieu, parle beaucoup dans ses agréables Mémoires, situé comme on le sçait, à l'encoignure des rues de Seine et de Saint-Victor (1),

Fond et Nadaud (sic) de Buffon, a été déposé dans ce piédestal le 17 octobre 1870. L'inauguration de la statue de Buffon eut lieu avant l'ouverture du Salon de 1777, car nous lisons au livret de cette exposition (p. 41) : « On voit du même artiste (Pajou) au cabinet d'Histoire naturelle au Jardin du Roi, la statue de M. de Buffon, exécutée en marbre, aux dépens de Sa Majesté. » On lit au sujet de cette statue dans les *Mémoires de Bachaumont*, sous la date du 29 mars 1777 : « On commence à voir au Jardin du Roi une statue de M. le comte de Buffon, dont l'anecdote est curieuse à conserver. M. le comte d'Angiviller, longtemps avant d'être nommé à la dignité qu'il occupe et présider aux arts, juste admirateur du premier (le comte de Buffon) et son ami, avait, a son insu, demandé au feu Roi la permission d'ériger une statue à ce grand homme. Sa Majesté voulut s'en réserver la gloire, et elle fut sur-le-champ commandée à ses frais. Mais, en même temps, il fut convenu avec l'artiste de garder à cet égard le plus grand secret. Le mystère n'a point été trahi, et le monument a été placé au lieu de sa destination en l'absence de M. de Buffon. » *Mem. secrets*, édit. 1784, X, 80-81. L'hommage rendu à Buffon, s'il faut en croire ses biographes, n'aurait pas été, de la part de M. D'Angiviller, absolument désintéressé. Pendant une longue et douloureuse maladie du grand naturaliste, en février 1771, on avait, paraît-il, disposé de sa survivance en faveur du comte d'Angiviller qui n'avait aucun titre scientifique lui permettant de succéder à ce grand homme Louis XV, pour réparer en quelque sorte la mauvaise impression produite par cette nouvelle, érigea les terres du naturaliste en comté (juillet 1772) et commanda sa statue au sculpteur Pajou. *Grand Dictionnaire universel du XIXe siècle* (T. Ier, p. 1391, 3e col). La statue fut terminée vers la fin de 1776, car Buffon, le 13 janvier 1777, remercie le président de Ruffey des compliments que celui-ci a jugé convenable de lui adresser au sujet de l'œuvre de Pajou. Buffon se montre au surplus assez peu flatté de l'honneur qui lui est fait : « Je vous remercie, écrit-il à son correspondant, de la part que vous avez la bonté de prendre à ma statue, que je n'ai, en effet, ni mendiée ni sollicitée, et qu'on m'aurait fait plus de plaisir de ne placer qu'après mon décès. J'ai toujours pensé qu'un homme sage doit plus craindre l'envie que faire cas de la gloire ; et tout cela s'est fait sans qu'on m'ait consulté. » H. Jouin et H. Stein, *Le Jardin des Plantes et le Muséum d'Histoire naturelle*, 1886-1887, dans l'*Inventaire des Richesses d'Art de la France*, II, 97, 103. Ce buste est aujourd'hui dans la salle des poissons au Muséum.

(1) L'hôtel de Vauvray était situé sur l'emplacement des bâtiments de l'administration actuelle du Muséum.

est actuellement occupé par un maître de pension, le sieur Verdier, connu par quelques ouvrages relatifs à sa profession. Ce dernier, désirant profiter du voisinage de ce beau jardin, va trouver un jour monsieur l'intendant pour lui demander avec instance la permission d'aller quelquefois s'y promener avec ses écoliers; M. de Buffon, pour se débarrasser enfin de ses importunités qui commençaient à l'ennuyer, à lui donner de l'humeur, ordonne d'un ton moitié plaisant, moitié sérieux, au carabin qui le rasait alors, d'éconduire sans façon l'incommode solliciteur dont il pourroit aussi bien, blanchir l'habit noir avec son habit de poudre. — II, 119 verso et 120 recto et verso.

***

L'intention de M. le curé de Sainte-Marguerite, faubourg Saint-Antoine, en effet, est de se conformer à cette règle de conduite, soit en consentant, soit en se prêtant de bonne grâce à l'érection qui vient d'être enfin décidée à la grande satisfaction des habitans circonvoisins.

Quorum pars non magno sumus....,

L'érection de l'église située rue de Popincourt, aujourd'hui vacante par la suppression des Religieuses Annonciades, en succursale de sa paroisse (1). Succursale à la desserte de laquelle sont destinés trois ou quatre prêtres habitués cy-devant à la paroisse des Saints-Innocents et qui n'ont pu trouver place dans le nouveau clergé de Saint-Jacques-de-la-Boucherie. — II, 118.

***

Cette bonne foy dont jamais on ne doit s'écarter ou se dispenser dans aucune affaire, soit publique, soit privée, paraît avoir été totalement oubliée par les parties adverses de M. le marquis et Mme la marquise de Cabris, dans le procès qu'ils ont gagné vers le mois d'août 1786, contre ces mêmes parties qui

---

(1) Les archives des religieuses Annonciades de Popincourt supprimées, sont dispersées en trois dépôts différents. Deux cartons sont conservés aux *Archives nationales* sous la cote L 1040. Titres de rentes, quittances 1621-1790, H. 4201, ibid. Aux *Archives de la Seine*: H 2, Annonciades de Popincourt (228 pièces concernant statuts, propriétés, droits; églises Saint-Paul, Saint-Mandé, etc.: 7 registres dont 4 in-folio de recettes et de dépenses de 1632 à 1782).

A la *Bibliothèque historique de la Ville de Paris*. Annonciades de Popincourt. Titres relatifs à ce couvent: indulgences accordées par les papes; baux et acquisitions, construction et reconstruction des bâtiments, dédicace de l'église, procès-verbaux de visites, etc. Comptes de recettes et dépenses de 1654 à 1782 avec des lacunes XVII et XVIIIe, 5 vol. in-fol. et environ 300 pièces originales dans un portefeuille in-fol. (Mss. 27261).

sont le père, la mère de l'un, beau-frère, et les sœurs de l'autre dont elles provoquaient l'interdiction sous prétexte de folie; cette interdiction avait d'abord été prononcée par le juge de Grasse en Provence, ensuite par une sentence du Châtelet de Paris, auquel l'affaire avait été spécialement renvoyée par un arrêt du Conseil des Dépêches : seule infirmée par l'arrêt du Parlement en date du..... qui charge la marquise de veiller seule, à la santé du marquis son époux, relativement au corps comme à l'esprit (1). Ils sont actuellement logés l'un et l'autre dans une maison, sise rue des Amandiers, faubourg Saint-Antoine, appartenant à M. G. d'Alby, notre confrère, comme avocat au Parlement (2), propriétaire également d'une maison voisine dans la même rue, ainsi que de cinq autres sous les piliers des Halles et d'une partie du fief d'Alby dont tous les édifices et masures viennent d'être abattus avec le pilory (3), sans qu'il en ait reçu l'indemnité qu'il réclame et qu'il fait monter à plus de 80,000 livres. — II, 121 verso.

(1) La marquise de Cabris était la sœur de Mirabeau l'orateur; on voulait faire interdire le mari de Mme de Cabris sous l'instigation du marquis de Mirabeau dont elle était la fille : « Quand je vois le marquis de Mirabeau formant le plan d'interdiction de son gendre, en haine de l'intérêt qu'il avait témoigné à sa belle-mère quand je le vois chargeant le bailli de Mirabeau, son frère, de faire exécuter ce plan par la dame Lombard dont la volonté était à ses ordres... » De Sèze, Œuvres, 1786, I, 652. « Mme de Cabris, troisième fille du marquis de Mirabeau, jeune, belle, éloquente, passionnée, audacieuse, remuante, obstinée. » De Loménie, Les Mirabeau, 1879, II, 607.

Voir sur cette affaire à la Bibliothèque Nationale, le Répertoire des Factums de M Corda, et notamment : Mémoire à consulter pour Mme la marquise de Cabris, 1779, in-4. (4° Fm 4880); Mémoire pour Mme la marquise de Cabris, appelante d'une sentence qui la déclare non recevable dans sa demande pour faire constater l'état d'abandon de son mari. (signé : Charpentier, De Beaumont, De La Croix.) 20 décembre 1782. (4° Fm 4881) Mémoire pour la dame de Cabris contre la dame Lombard, marquise douairière de Cabris, poursuivant l'interdiction de son fils pour cause de démence. (signé : Duveyrier, 1785.) 4° Fm 4882). Ibid, (4° Fm 4883). Mémoire pour la marquise de Cabris sur une demande qui a pour objet de préserver son mari de l'interdiction, de lui donner ses soins et de présider à l'éducation de sa fille. (signé : De La Croix, 1786.) 4° Fm 4884). Plaidoyer pour le marquis de Cabris appelant d'une sentence du Châtelet du 12 avril 1786, qui prononce son interdiction contre la dame Lombard, sa mère (signé : De Sèze.) (4° Inv. F. 14325). Réplique pour le marquis de Cabris contre la dame Lombard, sa mère, (signé : De Sèze.) (1786, 4° Inv. F. 14.226).

(2) Guillemot D'Alby, avocat au Parlement, et dame Parmentier, sa femme, rue des Amandiers (Archives de la Seine, Hyp. 1137, 5 verso).

(3) Lettres-patentes du Roi qui ordonnent la démolition du pilori, données à Saint-Cloud, le 24 janvier 1786 (Archives Nationales, Publications du Châtelet, Y 62, f° 6).

Non loin de M. d'Alby, dans la rue des Amandiers, a long-tems demeuré M. le marquis de Vignolles, mort vers la fin de 1786, avec une certaine demoiselle Téry, aujourd'hui presque sexagénaire laquelle a vécu trente ans avec lui comme son épouse légitime, ou présumée telle par tout le monde, jusqu'a l'époque du scellé mis sur les effets du marquis après l'instant de son décès : scellé, sous lequel ne fut trouvée aucune espèce de titre, acte de célébration ou contrat de mariage. mais avant lequel la susdite demoiselle avait eu tout le temps de *faire sa pelote*, comme l'on dit vulgairement : ce qu'on a du moins conjecturé par l'inspection de quelques renseignemens relatifs au remboursement de diverses sommes montant ensemble a peu près de cent mille livres : sommes dont elle jouit maintenant en paix, ainsi que du reste, dans une maison qu'elle occupe, rue Saint-Maur, dans le même quartier, avec le sieur abbé*** (1), dont il a plus d'une fois été question dans ces memoires. — II, 122.

Ce couvent, au reste, ne sçaurait bien certainement être celui des Religieuses Annonciades de Popincourt supprimées depuis quatre ou cinq ans, duquel on se propose de convertir l'église en une succursale de la paroisse Sainte-Marguerite, et dont l'emplacement en partie doit servir à l'établissement d'un hôpital pour le guet de cette capitale (2). On destine à différens usages économiques le surplus du terrain, de l'enclos et des édifices en dépendans; acheté par une compagnie de capitalistes au nombre desquels on trouve entre autres : M. le comte d'Hos-

(1) Sans doute l'abbé Mougin, lequel habitait chez le marquis de Vignolles.
(2) Le roi acheta en 1787, lorsque les acquéreurs cédèrent des parties de cette vaste propriété, celle où se trouvait l'église et divers bâtiments afin d'y établir un hôpital qui devait contenir 36 lits pour la Garde de Paris. Il fut alors question d'ouvrir sur ce terrain trois rues qui faciliteraient l'accroissement de valeur de la propriété. L'hôpital aurait été borné par ces trois rues au sud et à l'est et au nord. La rue sur le nord existe encore sous le nom de Saint-Ambroise, la rue sur l'est a existé sous le nom de Beauharnais, l'autre n'a jamais été ouverte; la rue de Beauharnais fut supprimée par décision ministérielle du 9 octobre 1818. (Abbé Gaudreau, 1847, in 8. Mélanges. Notice sur Saint-Ambroise.) Cf. Hypp. Cocheris, 1867. Hist. de la Ville et du Diocèse de Paris de l'abbé Lebeuf, III, 567.

seville (1), M. Perrot, ancien directeur de la correspondance générale, et M. Valentin, maître en chirurgie, l'un des correspondans du sieur Linguet. (2) [février 1787]. — II, 127.

.•.

Un attentat a été commis, rue de Jouy, le dimanche 14 janvier 1787, par un nommé Létant, fils d'un vitrier, âgé de 17 ans, sur la femme d'un faiseur ou marchand de baromètres, pour la voler; cet assassin, jugé promptement, fut, le vendredy suivant, exécuté publiquement à la porte Saint-Antoine (3), malgré les plus vives sollicitations du père auprès des juges pour sauver son fils, arrêté le même jour chez sa sœur. Le jeune Létant, lorsqu'on vint le prendre chez sa sœur, une heure après la consommation de son forfait, s'occupoit gaiement a répéter un rôle de soldat qu'il devoit incessamment jouer dans une certaine pièce pour son début au théâtre chez Nicolet ou chez Audinot. — II, 129 et 132.

.•.

Il paraît que le doyen des curés de Paris, celui de Sainte-Marguerite, monsieur Beaurecueil, se prête de bonne grâce à l'érection de l'église des Annonciades, rue de Popincourt, en succursale de sa paroisse; église dont l'acquisition s'est faite au nom des marguilliers et des fabriciens de Sainte-Marguerite, lesquels ont dû payer le prix aux propriétaires actuels des batimens et terrains dépendans de l'ancien monastère supprimé; on travaille en ce moment à disposer cette église pour y commencer, dès le dimanche de la Pentecôte prochaine, la célébration de l'office paroissial, de laquelle sont chargés les prêtres à la nomination de ce même pasteur (4). L'on a préalablement procédé à l'exhu-

(1) Bénigne Poret, chevalier, vicomte de Blosseville.
(2) Dans différents actes de vente, cet acquéreur est désigné comme exerçant la charge de commissaire des guerres; nous laissons à notre auteur la responsabilité de cette assertion que nous n'avons pu vérifier.
(3) On exécutait assez souvent les criminels à la porte Saint-Antoine; on a déjà vu, au cours de ce journal, que le fameux Poulailler y avait été pendu.
(4) Cette église, de proportions assez vastes et d'une extrême simplicité, fut conservée après la disparition de la communauté. Elle fut érigée en église paroissiale, par la loi du 4 février 1791, sous le titre de Saint-Ambroise, par suite du démembrement de la paroisse Sainte-Marguerite, puis

mation des cadavres inhumés en différents lieux et qui doivent tous être déposés dans un endroit particulier : opération légalement exécutée le mercredy onze août 1787, avec toutes les cérémonies et toutes les précautions accoutumées, sous les yeux des officiers publics dont la présence est requise en pareil cas, car il ne seroit ni juste ni convenable, pour la purification des âmes dans l'une et l'autre vie d'empoisonner aujourd'huy les corps vivans exposés tout à coup à l'action meurtrière des miasmes méphytiques et pestilentiels, miasmes toujours prêts à s'exhaler des individus quelconques livrés depuis longtems à la putréfaction, quoique ceux dont il s'agit, soyent, dit-on, dans un sol aride ou sablonneux et qu'il fut conséquemment possible d'y trouver quelques-uns d'entre eux assez bien conservés (1). — II, 213 verso.

vendue comme propriété nationale ; elle fut rouverte au culte en 1802. La ville de Paris, qui en avait fait l'acquisition en 1811, la fit restaurer et agrandir sous la direction de l'abbé Godde en 1818. Elle fut démolie en 1868, pour dégager les abords d'une autre église paroissiale du même nom, mais beaucoup plus grande, que l'on édifiait alors sur une partie des terrains de l'ancien couvent. — Raunié, *Épitaphier du Vieux Paris*, 1890, 107.

Une curieuse photographie de 1868 est conservée au département des Estampes de la Bibliothèque nationale dans la collection topographique. — (V^e, 296, Seine, XIe arr^t, quartier Saint-Ambroise). Cette photographie représente l'actuelle église Saint-Ambroise entièrement construite, alors que l'ancienne église des Annonciades de Popincourt subsiste encore au premier plan. On voit, dans le même recueil, deux photographies intérieures de l'ancienne église Saint-Ambroise.

(1) Les journaux du temps, consultés, ne font aucune mention de ces exhumations ; l'ouvrage de M. Raunié : *L'Épitaphier du Vieux Paris*, à l'article : *Annonciades de Popincourt*, renferme les renseignements qui suivent: « Dans le chœur était gravée l'inscription suivante : « Messire et dame Mallet ont choisy icy leur sépulture, afin que les prêtres montants à l'autel se souviennent de prier pour le repos de leurs âmes. *Requiescant in pace*. » Dans une chapelle latérale, qu'un sieur François Petit, conseiller et secrétaire d'État, avait fait construire, on lisait son épitaphe. Auprès de lui reposaient François, Michel, et Elisabeth Petit; ainsi que Madeleine de Louvencourt. Au mur de la nef, du côté de l'Évangile, près de la grille du sanctuaire, était placée l'épitaphe de demoiselle Marie-Anne Le Picard, fille de messire François Le Picard, chevalier, seigneur d'Ambercourt, conseiller du roi; c'était une ancienne pensionnaire des religieuses, morte en 1697, âgée de 26 ans. Une inscription sur cuivre, placée sur un cercueil, avait été découverte lors de la démolition de la vieille église : « Plusieurs dalles funéraires, observait à ce propos Guilhermy, ont été retrouvées sous le carrelage moderne de la chapelle. Il paraît que ces pierres ont été emportées avec les autres matériaux par l'entrepreneur de la démolition. La suite des fouilles amena la découverte de quelques bières de plomb ; c'est sur un de ces cercueils qu'était fixée la plaque de cuivre portant l'inscription de dame Catherine Brigard. Ce cercueil fut tiré de terre le lundi, 23 septembre 1868. En détachant la plaque, on s'aperçut qu'avant de recevoir une destination funéraire, elle en avait eu une toute différente; une gravure y représentait sur

Cette annonce, disons-nous, nous conduit naturellement à rapporter par occasion quelques traits singuliers d'un vieux cocher de feu monsieur Titon, conseiller de Grand-Chambre au Parlement de Paris(1): traits vraiment dignes d'un valet de comédie et dont un poète dramatique pourrait au besoin tirer quelque parti : « Eh ! mais, lui disait un jour son maître, eh! mais, qui est-ce donc qui t'a permis d'emmener à ma campagne ton fils et de l'installer sans façon dans ma cuisine ? — Vouliez-vous, répond froidement l'ancien serviteur, vouliez-vous que je le laissasse ronger encore par la vermine dans une misérable pension ? — Suis-je donc obligé de nourrir un enfant qui m'est étranger? — Pardi !... vous en nourrissez bien d'autres. — Je suis las enfin d'essuyer tant d'impertinences.... et tu viendras me trouver, après dîner, dans mon cabinet. — Pourquoi ? — Pour y faire et recevoir ton compte.... — Je sçais point compter, et puis, je ne suis pas homme de cabinet... je ne connois que mon écurie ». Une autre fois, il refusait obstinément de con-

le revers Turenne au siège du Quesnoy, en 1654...., La plaque était déposée dans un des bureaux de l'Hôtel de Ville, au moment de l'incendie de mai 1871 ; on l'a retrouvée parmi les épaves, mais soudée à un autre morceau de métal, et dans un tel état que toute lecture en est devenue impossible. » Cette autre plaque de métal était l'inscription funéraire de Marie-Anne Le Picard, ainsi que nous l'apprend M. de Lasteyrie. Le texte dont personne n'avait gardé copie, ajoute-t il, est resté inédit : « Depuis, on a réussi à disjoindre les deux plaques soudées par l'incendie ; et, malgré quelques boursouflures causées par les adhérences du métal, elles sont faciles à déchiffrer... Remarquons, en terminant, que c'est au dos de cette plaque et non derrière celle de Catherine Brigard, comme on l'a dit par erreur, qu'avait été gravée une estampe représentant Turenne au siège du Quesnoy, en 1654. » — (Guilhermy et R. de Lasteyrie, *Inscriptions de l'ancien diocèse de Paris*, t. I, p. 543 et t. V, p. 161). — Émile Raunié, *Épitaphier du Vieux Paris*, 1890, t. I, p. 107-108.

(1) Jean-Baptiste-Maximilien Titon de Villotran, seigneur du Plessis et de La Neuville, conseiller au Parlement de Paris en la cinquième chambre des enquêtes, fils de Jean-Jacques Titon, maître ordinaire des Comptes et d'Hélène de Saint-Mesmin, épousa, le 22 janvier 1717, Marie-Louise Oudailles, boîteuse et morte en couches. J.-B.-M. Titon fut un zélé défenseur des libertés de l'église gallicane contre la bulle *Unigenitus* ; arrêté en raison de son attitude, on l'emprisonna en 1732 au château de Ham en Picardie ; il partagea l'exil du Parlement, en 1753, étant doyen de sa chambre; puis monta à la Grand-Chambre en octobre 1756 ; ce fut l'un des rapporteurs du procès du régicide Damiens (5 janvier 1756). Il avait eu de sa première femme un fils nommé Jean-Baptiste Maximilien Titon ; il épousa en secondes noces Antoinette-Brochette Poucin, dont il n'eut point d'enfants. J.-B.-M. Titon mourut le 26 mars 1766. — (Cf. *Testament aux Archives de la Seine*, Reg. 250, 92 recto à 93 recto.)

duire à l'Opéra le fils de monsieur Titon (1) dans la voiture du père dont il avoit reçu des ordres tout différents : « Oh bien !... lui dit assez vivement le jeune monsieur Titon, puisque tu le prends sur ce ton-là, je te ferai chasser de la maison. — Qui ?... vous ! répliqua le vieux cocher, me faire chasser d'une maison dans laquelle je puis me vanter d'être plus ancien que vous de plusieurs années ? » (2). — II, 260.

* *

Un jeune commis aux fermes, et son épouse, à peu près du même âge, occupoient depuis quelques mois un appartement honnête dans une maison située rue de la Roquette, faubourg Saint-Antoine ; surviennent alors un nouveau locataire et sa femme avec qui les anciens se pressent de former une liaison, qui devient chaque jour plus intime. Au bout de quelque tems, le mari de la première disparoît tout à coup avec l'épouse du second, emportant avec lui quelques pièces d'argenterie, ses contrats de rentes, tout son argent comptant. L'époux délaissé, loin de chercher, comme à sa place tant d'autres auroient pu faire, à se consoler, avec la dame abandonnée, de leur malheur commun, trop constaté par la nouvelle qu'ils reçoivent bientôt de la fuite du couple infidèle dans les pays étrangers, congédie un jour sa domestique, sort de chez lui, se rend au Bois de Boulogne, dîne tranquillement à la porte Maillot et se tire ensuite un coup de pistolet, dont il meurt sur-le-champ. L'épouse du fugitif, âgée de 26 ans, jouissant d'une fortune assez médiocre et chargée de deux ou trois enfants, a pris, de son côté, le parti de se retirer avec eux chez la dame, sa sœur, femme du sieur de La

(1) Le cocher dont il est question ici, n'eut pas, malgré sa familière insolence, à se plaindre de son maître, puisque celui-ci, par son testament, laissait à chaque domestique qui servait chez lui au jour de son décès, femme de chambre, cocher, laquais, portier, valet de chambre : une année de gages pour leur deuil, et à chacun cent livres de rente viagère par chaque année, pour ceux qui se trouvaient à son service depuis quatre ans, et ceux qui l'étaient depuis plus de quatre ans reçurent six livres de rente d'augmentation par chaque année de service, de sorte que deux ans de plus firent 12 livres et trois ans 18 livres. — Cf. Test. cit.
(2. Jean-Baptiste-Maximilien Titon, seigneur de Villotran et de la Neuville, fils du précédent, conseiller au Parlement, reçu en 1744 par la cinquième chambre des Enquêtes, exilé à Chalons en 1753, épousa Marie-Anne Benserot, dont il eut quatre enfants. Ce descendant de la nombreuse dynastie des Titon monta sur l'échafaud révolutionnaire, le 26 prairial an II. — (Archives de la Seine, Domaines, carton 466 n° 5697.) (Notes extraites d'un ouvrage inédit de H. Vial : Une famille parisienne, *Les Titon*.)

Bazanerie (1), maître-charpentier, logé maintenant, rue de Popincourt, en face la rue Saint-Sébastien. — II, 260.

.·.

Sans compter deux autres théâtres établis depuis quelque tems, celui-là, rue Saint-Antoine, celui-ci, rue de Popincourt, par des sociétés de spéculateurs ou de virtuoses chez qui l'on

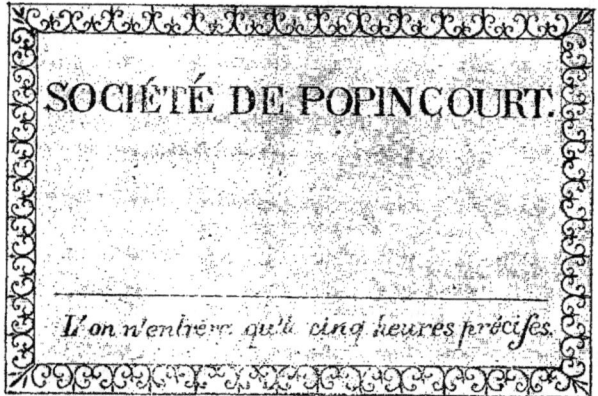

Carte d'entrée au Théâtre de Popincourt.

s'abonne pour avoir ses entrées moyennant telle somme par mois ou par an, où l'on ne joue publiquement qu'une fois tous les quinze jours ou deux fois par semaine (2). — II, 261.

(1) *Archives de la Seine. Hypothèques. Répertoire chron.* Reg. 1141. f° 35 : « Etienne-Laurent Bazenerie, maître-charpentier, demeurant rue Verte. »
(2) On lit dans les Mémoires de Joseph-Jean-Baptiste Dazincourt : « C'est à cette école, c'est à celle de l'abbé de Voisenon, et des hommes les plus instruits comme les plus aimables, qui tous regardaient comme une faveur d'être admis dans la société du maréchal de Richelieu, qu'Albouy acheva de se former. Il eût été trop heureux, si, jeté dans cette immense Babylone, il avait pu résister, avec le goût inné qu'il avait pour la comédie, au plaisir de la jouer sur quelques théâtres particuliers. Il en existait un alors, rue de Popincourt, qui méritait d'être distingué des autres. Les sociétaires, tous jeunes gens bien nés et très riches, avaient pour spectateurs la meilleure compagnie de Paris, en femmes, comme en hommes. Cette réunion était une véritable assemblée de famille. Les comtes de Sabran, de Gouffier, de Lomesnil, etc., etc., la jeune marquise de Folville et sa sœur, etc., y déve-

— 66 —

Les particularités précédentes et qui concernent un quartier assez voisin du nôtre ne sont que depuis quelques jours parvenues à notre connaissance, ainsi que celles qu'on va lire relatives à des lieux moins éloignés encore de celui où nous habitons depuis plus de quinze ans ; nous avions, en effet, ignoré jusqu'ici, que, vers 1781, pendant quelques mois, nous avons eu pour voisin M. le comte de Mirabeau, nouvellement alors sorti du donjon de Vincennes et demeurant rue de la Roquette, dans laquelle aboutit celle de Popincourt. C'est du major ou carabin qui dans ce tems-là le razait et qui nous raze encore aujourd'hui, que nous apprenons dans l'instant même qu'à l'exemple de Jules César qui tout à la fois :

Dictait à quatre en styles différents...

(GRESSET, *Vert-Vert*) »

il a plus d'une fois, soit avant, soit après, soit durant ses fonc-

loppaient des talents qui, véritablement, auraient été applaudis au Théâtre Français. Albouy, lié d'amitié avec les comtes de Sabran et Gouffier, leur marqua quelque désir d'être admis dans leur société théâtrale. Sa gaîté naturelle, la finesse de ses réparties, sa manière de raisonner différents rôles de comédies, étaient, sinon l'annonce du talent, au moins l'indication qu'il ne pouvait pas être en dissonance avec l'esprit du rôle dont il se chargeait. On lui laissa le choix de celui qu'il voudrait jouer, et huit jours après il parut dans le *Crispin* des *Folies amoureuses*, rôle dans lequel il mérita les applaudissements qui lui ont été depuis prodigués avec justice. *Mémoires de J. J. B. Albouy-Dazincourt* par H. A K*** 1809, 6. Ce renseignement sur le théâtre de Popincourt est donné par Lefeuve, *Les Anciennes maisons de Paris*, 1873, IV, 285, et par Girault de Saint-Fargeau, *Dictionnaire géographique de la France*, 1847, III, 247, sans indication de source, suivant la fâcheuse habitude de ces deux historiens.

Le catalogue des manuscrits de la Bibliothèque nationale par M. H. Omont, Nouvelles acquisitions françaises, mentionne deux pièces de théâtre, qui furent jouées sur cette scène particulière : mss 2851, *La nouvelle isle des esclaves ou l'école de l'humanité*, comédie lyrique en trois actes par le chevalier Person de Berainville, musique de M. Goblin... représentée sur le théâtre des amateurs connu sous le nom de Popincourt en 1782 (fol. 1). Du même auteur, sur le même théâtre, avait été joué en 1775 : *Pégase gros lot ou la loterie des métromanes*, pièce emblémati-critique, folie en deux actes (fol. 93). Le ms. 2851 est un recueil manuscrit des pièces de Person de Berainville, jouées sur différents théâtres d'amateurs. Nous reproduisons ci-contre une carte d'entrée au théâtre bourgeois de Popincourt, conservée aux Archives de la Seine dans une collection de publicité ancienne formée par M. Lucien Lazard, sous-archiviste du département de la Seine Pour l'emplacement exact de ce théâtre, voir la monographie et le plan de la rue de Popincourt qui suit la publication du journal de Beauvray.

tions, entendu M. de Mirabeau dicter en même tems ses diverses pensées sur différentes matières, avec le secours d'une carte, servant, tour à tour, à lui rappeler en gros chacune d'elles (1). — II, 270 recto et verso.

* * *

Il n'en est pas ainsi des têtes parlantes réellement inventées à peu près vers la même époque par M. l'abbé Mical que nous avons l'honneur de connaître personnellement, comme étant, depuis quelques jours, notre voisin, notre locataire même, dans notre maison, sise rue de Popincourt, faubourg Saint-Antoine; natif du Dauphiné, maintenant âgé de 50 à 55 ans, chanoine honoraire depuis l'âge de sept ans du chapitre de... au Languedoc (2) : têtes parlantes organisées pour cet effet, ainsi que le

(1) En sortant du donjon de Vincennes, Mirabeau alla demeurer chez son ami Boucher, secrétaire de Lenoir, lieutenant de police, demeurant rue de Grammont. Le biographe de Mirabeau, M. de Loménie, est muet sur ce passage du grand orateur, rue de la Roquette. — Cf. De Loménie, *Les Mirabeau*, IV,... et *Almanach royal*, 1781, pour vérification du domicile de Boucher.

(2) « Quelque curieuse que soit la poupée qui parle, elle n'approche pas, au gré des connoisseurs, des têtes parlantes annoncées de l'abbé Mical; mais comme c'est un homme simple, modeste, mais qui ne travaille point pour faire bruit ou pour gagner de l'argent, on n'en dit mot. Cependant le témoignage que les commissaires de l'Académie des Sciences qu'il avait invités à venir examiner ses automates, lui ont rendu, est bien glorieux ; suivant leur rapport, ils ont découvert dans son ouvrage la même simplicité de plan, les mêmes ressorts, les mêmes résultats qu'on admire en disséquant dans l'homme l'organe de la voix. » *Mémoires secrets*, 1787, 243 L'abbé Mical, mécanicien français, né vers 1730, mort en 1789. Pourvu d'un bénéfice et de quelques revenus personnels, il consacra tous ses instants à la mécanique et construisit d'abord des automates joueurs de flûte et des têtes parlantes. En juillet 1783, il présenta à l'Académie des Sciences de Paris, deux de ces dernières qui articulaient assez distinctement, quoique imparfaitement, de petites phrases. L'appareil vibratoire se composait essentiellement de glottes artificielles disposées sur des membranes et traversées par l'air qui frappait ensuite les membranes. (Grande Encyclopédie, XXIII, 907.) Vicq d'Azir fut chargé de faire un rapport à l'Académie sur ces deux têtes qui étaient posées sur des boîtes. Rivarol nous apprend en outre que ces deux têtes parlaient au moyen de deux claviers, l'un cylindrique, donnant un nombre déterminé de phrases avec les intervalles des mots et la prosodie marquée correctement, l'autre contenant dans l'étendue d'un ravalement toutes les syllabes de la langue française réduites à un petit nombre par une méthode ingénieuse. L'abbé Mical était parti de ce principe que l'organe vocal était dans la glotte comme un instrument à vent qui aurait son clavier dans la bouche; qu'en soufflant du dehors au dedans, comme dans une flûte, on obtenait des sons filés, mais que pour articuler des mots, il fallait souffler du dedans au dehors; que l'air sortant des poumons se change en sons dans le gosier, et

sont les horloges pour indiquer ou sonner l'heure, et les seri‑
nettes pour exécuter différens airs notés mis en jeu par des
moyens purement mécaniques, tels que des fils et des ressorts,
des leviers et des poids, des balanciers et des rouages, des
tuyaux, des soufflets, etc… d'où résultent des sons très distinc‑
tement articulés, comme par exemple les paroles suivantes avec
d'autres que nous ne nous rappelons point en ce moment. [Les
paroles manquent (1)] — II. 283 verso.

.·.

Tandis que notre jeune monarque se pique ainsi de donner à
tous ses sujets l'exemple d'une économie raisonnable, il s'en
faut de beaucoup qu'il inspire comme il le souhaiterait ardem‑
ment à chacun d'eux le noble désir de l'imiter, en ce moment,
où l'on voit le sieur Caron de Beaumarchais, affecter, pour ainsi
dire, une conduite opposée en faisant ou se préparant à faire la
plus grande dépense de luxe ou de pure décoration sur un ter‑
rain fort étendu situé sur les boulevards près de la Porte-Saint‑
Antoine qu'il vient d'acquérir pour un prix très considérable.
On raconte à ce sujet une anecdote bien digne du caractère
étrange du personnage ; le sieur de Beaumarchais se promenoit
un jour dans son nouveau domaine où gravement il donnoit des
ordres à quelques ouvriers; un particulier s'avance vers lui,
l'aborde sans le connoître, et se met à lui parler de l'acquéreur
qu'il traite sans façon : « d'impudent, de fripon, de coquin, de
scélérat qui sera pendu tôt ou tard à la place de Grève. » A cha‑

que ce son est morcelé en syllabes par les lèvres et la langue, aidés du palais
et des dents. L'inventeur n'était sans doute pas très riche, car il fut pour‑
suivi en 1784, précisément par l'artiste qui avait sculpté les deux têtes :
« Mémoire de sculpture faite année 1782 pour monsieur l'abbé Mical par
Frédérick Wiffel, sculpteur, demeurant rue Plumet, à Paris. En juillet de la
dite année fait et livré deux têtes en bois de chêne creuse pour y mettre de
la mécanique, prix convenu à cinquante-quatre livres pièce, pour les deux :
108 livres. En septembre fait et livré deux chapiteaux en bois de chêne
socle, ordre corinthien, proportion de 6 pouces 9 lignes, convenu à soixante‑
quinze livres. les deux font : 150 livres. »
L'abbé Mical à l'époque de cette procédure demeurait rue Marivaux, puis
faubourg Saint-Denis n° 16. *Archives de la Seine*. Domaines Carton 620,
D^r 6102. Le dictionnaire de Chaudon raconte que l'abbé Mical brisa ses
chefs-d'œuvre dans un moment de désespoir ; il mourut très pauvre, en
1789. Montucla, *Nouvelle biographie générale*.
(1) « Le roi fait le bonheur de ses peuples, et le bonheur de ses peuples
fait celui de ses rois. » *Mémoires secrets*, XI, p. 255.

cun de ces propos, peu flatteurs pour celui qui l'écoutait, le sieur de Beaumarchais, d'un ton froid, d'un air indifférent, ne répond que par ces mots : « On le dit ! » Le particulier enfin se retire : à quelques pas de l'enclos, il rencontre un de ses amis qui l'étonne beaucoup en lui disant, avec un sourire malin, qu'il devoit parfaitement être instruit de toute cette affaire, puisqu'il venoit de converser avec le sieur de Beaumarchais lui-même. On vient, par hasard, de nous apprendre que le sieur Caron de Beaumarchais, pour d'excellentes raisons, a depuis revendu le même terrain, sur le prix originaire duquel il a fait un gain de cent mille livres (1). — II, 311.

(1) La fin de cette anecdote n'est pas véritable : nous avons vu aux Archives de la Seine un dossier des Domaines relatif à la vente de ce terrain ; il renferme la copie de l'adjudication faite à l'auteur du « Mariage de Figaro » le 26 juin 1787 : » Nous, attendu les précédentes publications et en vertu du pouvoir à nous donné par le Roi, par ses lettres-patentes du mois de mai mil sept cent soixante-dix-sept, registrées au Parlement, le trente un juillet aud. an, et par sa déclaration et l'article 1er du règlement, arrêté au Conseil d'État du vingt trois août mil sept cent quatre vingt trois, aussi registrées au Parlement, le cinq septembre suivant, avons, du consentement du Procureur du Roi et de la Ville, vendu et adjugé, vendons et adjugeons, purement, simplement et définitivement, par ces présentes, à Jean-Baptiste-Charles Mignonville, procureur en ce bureau, demeurant orme et paroisse Saint-Gervais, comme plus offrant et dernier enchérisseur, à ce présent et acceptant, le grand bâtiment ou pavillon et le terrein ensuite, appartenans à la ville et situés à l'entrée et sur le rempart Saint-Antoine, icelui bâtiment donnant sur la rue et place Saint-Antoine et le dit terrein faisant partie du quinconce et s'étendant jusques à la communication de la rue d'Aval à celle du Pas-de-la-Mule. Ces bâtiments et terrein, murs de terrasses compris, lesquels font partie de la présente vente, composant une superficie de dix neuf cent quatre vingt-dix-sept toises deux pieds, ou environ; savoir : le bâtiment, cent trente sept toises; la petite partie au-devant non plantée, soixante-treize toises, trois pieds; et la partie ensuite en quinconce, dix-sept cent quatre-vingt six toises cinq pieds. Et tiennent par ladite maison a la dite rue et place Saint-Antoine, à droite à la rue Amelot, à gauche à la contre-allée du rempart et au bout à la dite communication de la rue d'Aval à celle du Pas-de-la-Mule. Le dit bâtiment construit en pierre de tailles, composé au rez-de-chaussée, sur la rue Saint-Antoine et sur la rampe du Boulevard, de huit boutiques et autant d'arrière-boutiques, cheminées, fosses d'aisances, caves dessous et entre-sol au dessus et sur le terre-plein du rempart formant le premier étage du coté de la rue Saint-Antoine; d'un grand perron avec palier, occupant toute la profondeur et largeur de l'arrière-corps, d'un grand salon ou galerie de soixante dix-huit-pieds de long sur vingt-quatre de large, ouvert sur le rempart par cinq grandes portes croisées et pavé en carreaux de liais et marbre noir. Ce même étage est encore composé d'une grande cage d'escalier, de trois pièces à cheminées dont une fort grande, d'une cuisine et de deux escaliers et dégagement sur les dites pièces, en sont pratiqués plusieurs autres d'entre sol ; et au-dessus du tout, un grand grenier lambrissé, ainsi que le tout est, se poursuit et comporte. Et, le vendredi six juillet au dit an mil sept cent quatre-vingt-sept, est comparu au greffe de l'hôtel de ladite ville, le dit Me Jean-Baptiste-

Plusieurs imputent le projet et la rédaction de l'Édit ou de la déclaration du Timbre à M. de Salverte, régisseur des Domaines de Sa Majesté, notre voisin, comme demeurant, rue Saint-Maur, faubourg Saint-Antoine, estimé généralement, choisi dans tout son quartier comme un honnête homme et comme un bon père de famille (1). — II, 326.

*
* *

Ici s'achève le journal de Lefebvre de Beauvray; nous en avons extrait les passages relatifs au quartier qu'il habitait et certains autres d'intérêt plus général. C'est, croyons-nous, le

Charles Mignonville, procureur au bureau d'icelle, demeurant orme et paroisse Saint Gervais, lequel a déclaré que la vente et adjudication à lui faite par la sentence ci-dessus et des autres parts, du 26 juin dernier des dits grand bâtiment et terrain ensuite à l'entrée et sur le rempart Saint-Antoine, moyennant la somme de deux cent quatre mille livres et aux avantages, charges clauses et conditions énoncées en la dite sentence est pour et au profit de Pierre-Augustin Caron de Beaumarchais, écuyer, ancien secrétaire du roi, lieutenant général des chasses de sa Majesté, demeurant Vieille rue du Temple, paroisse Saint-Paul. (etc.) »

A sa mort, Beaumarchais redevait encore 30,246 francs sur le prix d'achat du terrain sur lequel il édifia sa maison; le 25 avril 1812, le directeur des Domaines, M. Eparvier, réclamait cette somme à ses héritiers; ceux-ci furent invités à solder ce reliquat. (*Archives de la Seine*), carton 512, dossier 43).

Le texte de cette vente du terrain de la porte Saint-Antoine ne figure pas dans le livre de M Lintilhac (*Beaumarchais et ses œuvres*. 1887, in-8°) parmi les pièces justificatives; c'est pourquoi nous l'avons publié ici. On peut constater qu'un bâtiment s'élevait déjà au coin du boulevard; il serait intéressant de savoir si l'architecte Bellanger engloba cette construction dans la maison qu'il édifia pour Beaumarchais sur le terrain acheté à la Ville.

On sait qu'il employa les bas-reliefs provenant de la porte Saint-Antoine, voir à ce sujet Adrien Marcel, *Les bas-reliefs de la Porte Saint-Antoine, Bulletin de la Société historique : Le Faubourg Saint-Antoine*, fascicule I, 1899.

(1) « La veuve de Me Pothuin, avocat au Parlement, possesseur de la fosse Turquam ou Popincourt, (laquelle était située entre la rue Popincourt, le chemin de Ménilmontant, la rue des Amandiers et la ruelle des Carrières ou des Nonnains), vendit ce fief à Me Jean-Marie-Eusèbe Baconnière de Salverte, administrateur des domaines du roi, demeurant à Paris, rue des Amandiers, paroisse Sainte-Marguerite. Ce dernier continua un procès pendant entre son vendeur et le chapitre Notre-Dame, au sujet de quelques pièces de terre, sises au terroir de Belleville. L'affaire fut terminée par une transaction du 11 mars 1786, accordant à M. de Salverte, du consentement du chapitre de Notre-Dame, la rentrée en possession de la seigneurie directe sur les pièces de terre dont la censive lui avait été jusqu'alors contestée, mais sans percevoir toutefois les arrérages des lods et ventes depuis 1706. Dans cette transaction, M. de Salverte est qualifié seigneur de Clignancourt, autrement dit de la Fosse Turquam ou Popincourt. » *Charles Sellier*, *Les Seigneurs de Clignancourt*, dans le *Bulletin de la Société de l'Histoire de Paris*, 1891, 99

seul travail d'ensemble susceptible de renseigner le lecteur sur la personnalité de l'avocat aveugle (1). L'annotation de ces fragments de mémoires nous a permis de les contrôler et, quelquefois même, de compléter les renseignements biographiques donnés par l'auteur. Qu'on nous permette ici de faire remarquer que ces notes ont été presque entièrement composées au moyen des documents conservés aux Archives de la Seine; plusieurs fonds, récemment versés dans cet établissement départemental, furent utilisés par nous pour la première fois et leur grand intérêt historique n'échappera pas à ceux qui nous feront l'honneur de nous lire; la consultation de certaines catégories, parmi lesquelles nous citerons les registres de déclarations d'hypothèques est aujourd'hui indispensable à l'historien pour l'étude de la propriété foncière parisienne au xviiie siècle. Nous invitons nos confrères à apprendre le chemin de ce dépôt qui n'est encore fréquenté que d'un petit nombre; ils y trouveront des sources inédites et leur tâche investigatrice sera facilitée par les archivistes de l'endroit, surtout par ceux que le service quotidien met plus directement en contact avec le public : MM. E. Coyecque et L. Lazard, à l'érudition et à la compétence desquels il nous plaît de rendre ici un sincère hommage.

LA RUE DE POPINCOURT

ÉTUDE HISTORIQUE

Nous faisons suivre le *Journal d'un bourgeois de Popincourt* d'une étude historique sur la rue qu'habitait Lefebvre de Beau-

(1) Le manuscrit de Lefebvre de Beauvray, comme nous le faisons remarquer dans notre préface, n'était pas identifié à l'époque où l'un de nous : M. Gaston Capon, l'eut en communication à la Bibliothèque Nationale, en décembre 1897. A la même époque, soit avant, soit après, peut-être en même temps, l'érudit M. Paul d'Estrées, le découvrait de son côté et l'identifiait également; nous devons même constater que la publication de l'étude qu'il fit des *Mémoires raisonnés* dans la *Revue d'histoire littéraire* précéda de quelques mois, celle que nous fîmes du « Journal d'un bourgeois de Popincourt » dans le *Bulletin de la Société historique : « Le Faubourg Saint-Antoine. »* Le but absolument différent que nous avons poursuivi enlève à la priorité de la découverte son plus grand intérêt.

vray. Il nous a paru intéressant, après avoir identifié l'auteur du manuscrit et les personnages dont il se constitue l'historien, d'évoquer aussi l'endroit où vécut le premier, et de retrouver sur place les demeures des seconds. Les Parisiens modernes auront peine à croire que la région dans laquelle est située la rue qui nous occupe, fut autrefois, une des plus charmantes de la banlieue suburbaine. De coquettes habitations enfouies dans la verdure, ombragées d'arbres séculaires, s'alignaient de chaque côté de cette voie étroite; nos ancêtres s'y retiraient et venaient y respirer l'air pur qu'il nous faut aller chercher aujourd'hui bien loin de la capitale. C'est ce passé que nous avons voulu faire revivre. La voie d'autrefois, d'abord sentier perdu loin de la ville, ensuite chemin à travers les cultures maraîchères, bordé d'un côté par des bâtiments conventuels, puis plus tard, par une caserne de gardes françaises, était aussi gaie, aussi champêtre, aussi jolie, que celle de nos jours est laide et noire avec ses grandes maisons populeuses et ses usines fumantes. Le travail implacable a transformé tout ce faubourg parisien en moins d'un siècle !

Origines.- Jean de Popincourt. — La Fosse-Turquam.

Les historiens de Paris s'accordent à trouver une origine fort ancienne à la rue de Popincourt. Ce fut primitivement un chemin allant de la Courtille à l'abbaye Saint-Antoine des Champs; Le terrier de la Grande Chambrerie dressé en 1541 mentionne ainsi cette voie : « Chemin de la Courtille à Saint-Anthoine ». (1)

Un siècle avant l'établissement de ce cadastre, un premier président au Parlement de Paris avait à cet endroit une maison de campagne. Le magistrat se nommait Jean de Popincourt à cause d'un fief de ce nom situé près de Roye en Picardie ; chevalier, puis conseiller au Parlement, il devint premier président le 14 avril 1400 et mourut très âgé, le 21 mai 1403, d'après une chronique particulière (2).

(1) Archives nationales. Q¹ 1009⁵²
(2) « Lundi xxj jour de may (1403). — Ce dit jour environ ix heures fu dennuncé à la Court que messire Jean de Poupaincourt, qui des Pasques continuellement avoit esté en lit de maladie moult griève d'excoriation de la vessie principaument, comme disoient les phisiciens, estoit trépassé, qui par environ iij ans avoit tenu le lieu de premier président au lieu de messire Guillaume de Senz et par avant avoit esté y celuy Poupaincourt, advocat du

En jetant un coup d'œil sur les anciens plans de Paris, notamment sur ceux de la Tapisserie et de Truschet, il est facile de constater combien peu d'importance avait le hameau de Popincourt à l'époque de la confection de ces cartes ; trois maisons formant l'angle de notre rue et de celle qui de nos jours se nomme du Chemin Vert voilà tout ce que comporte l'agglomération groupée autour de la maison de campagne du premier président. Les terrains en bordure de chaque côté de la rue étaient cultivés en 1541, ainsi qu'on peut s'en rendre compte, en voyant le terrier de la grande Chambrerie ; (1) un nom est à retenir parmi

Roy et lequel a finé ses derniers jours *Sancte atque catholice* comme par relation des assistens à sa fin a esté relaté : *Anima ejus in pace requiescat*. » *Journal de Nicolas de Baye*, greffier du parlement 1400-1417. Alexandre Tuetey, in-8°, 1885, I, 63.

« Mercredi xxvij jour de may — Hier après disner, alèrent messeigneurs de la Court, premier président et grant foison de mes diz seigneurs convoier à cheval le corps de messire Jean de Poupaincourt, jadis premier président, que l'on portoit ou menoit à Roye et le convoierent jusques hors la porte Saint-Denis. Ibid. 1, 65. »

Ce Jean de Popincourt s'appelait ainsi du fief de Popincourt situé près de Roye en Picardie ; voir sur cette famille le travail de M. Vallet de Viriville intitulé : *Recherches sur deux monuments funéraires du XVe siècle en l'église de Mesnil-Aubry (Seine-et-Oise)*, publié dans le tome XXV des *Mémoires généalogiques*.

(1) « *Chantier de Popincourt*. La veuve Courtilier pour un arpent et demy de terre tenant au chemin de la Folye ; d'autre part au greffier de Bordeaux ; aboutissant sur Saint-Eloy, doit 12 deniers parisis. — La veuve Turquam pour demy arpent de terre tenant audit greffier ; d'autre part audit greffier ; aboutissant sur la veuve Courtillier ; doit quatre deniers parisis. — Jehan Parfaict pour neuf quartiers de terre tenant audit greffier ; d'autre audit Teste, aboutissant sur le chemin de la Courtille à Saint-Anthoine, doit seize deniers parisis. - Ledit Teste, pour deux arpents tenant audit greffier ; d'autre part audit Parfaict ; aboutissant sur le chemin de la Courtille à Saint-Anthoine ; doit seize deniers parisis. — Jehan Turquam, pour sept quartiers de terre tenant à la dite veuve Courtillier ; d'autre part a Jehan Ragonis ; aboutissant sur le dit Saint-Eloy, doit 14 deniers parisis. — Jehan Ragonis pour onze quartiers de terre tenant au dit Parfaict, d'autre part à Turquam ; aboutissant comme dessus, doit 22 deniers parisis. — Jehan Parfaict pour huit arpens de terre tenant audit greffier ; d'autre part audit Ragonis ; aboutissant sur le chemin des Carrières, doit 5 sols quatre deniers parisis. — Loys Vigneron, pour ung arpent de terre tenant audit greffier, d'autre part au chemin des Carrières ; aboutissant sur le dit Parfaict, doit huit deniers parisis — Pierre Yon pour demy arpens de terre tenant audit Vigneron ; d'autre part à Ancelot Vaultier ; aboutissant sur le chemin des Carrières ; doit quatre deniers parisis. — Ancelot Vaultier, pour neuf arpens tenant audit Yon ; d'autre part à Pierre Gouffe ; aboutissant comme cy-dessus ; doit 4 deniers parisis. — Pierre Gouffe, pour ung arpens tenant audit Vaultier d'une part, et d'autre audit greffier, aboutissant sur le chemin de la Courtille à Saint-Anthoine ; doit 8 deniers parisis. — Jean Locquet, pour demy arpens tenant d'une part et d'autre audit greffier ; aboutissant sur le chemin de la Courtille à Saint-Anthoine ; doit 4 deniers parisis ». Arch. Nat. *Terrier de la Grande Chambrerie*. 1541. Q¹ 1099⁶².

ceux des propriétaires fonciers de cette époque, c'est celui des Turquam qui devaient le donner au fief même de Popincourt désigné souvent sous celui de la Fosse-Turquam. Une donation à l'église Saint-Gervais en 1326 fait mention de deux arpents sis dessous la Fosse du Temple (1); le nom du propriétaire fut sans doute plus tard donné à la dite fosse que nous croyons être une carrière en exploitation, ainsi que le fait supposer l'appellation de rue des Carrières donnée autrefois à la rue des Amandiers.

Le Temple de Popincourt.

Une tradition rapportée par des auteurs dignes de foi, et notamment par Jaillot, veut que ce soit dans l'ancienne demeure de Jean de Popincourt que fut établi au xvie siècle un temple protestant. Les auteurs contemporains, sans préciser l'emplacement d'une manière aussi affirmative, s'accordent à dire que les Parisiens qui avaient embrassé la nouvelle religion, se rendaient au prêche au lieu de Popincourt. En 1561, de graves événements survinrent qui eurent pour théâtre l'église Saint-Médard ; catholiques et protestants en vinrent aux mains, le chroniqueur Haton fait ainsi le récit d'une de ces rixes : « Non contents d'avoir meurtri les paroissiens et saccagé l'église du dit Saint-Médard, eschauffez comme lions courroucez, les armes au poing, coururent par les rues du dit Paris frappant et massacrant ceux qui ne se détournoyent de leur voye et criant à haulte voix : « L'Évangile ! Vive l'Évangile ! » et ruèrent plusieurs personnes par terre depuis la ditte église Saint-Médard jusqu'à la porte Saint-Antoine, où ils feirent leur course pour annoncer aux frères de leur évangile qui estoient au lieu de Popincourt le sacrifice qu'ilz venoient de faire, et n'y eut personne pour ce jour par la ville qui leur résistast en sorte de monde. » (2)

En ce temps d'intolérance religieuse, l'échauffourée protestante ne devait pas rester sans punition, elle fut terrible, et le pauvre temple de Popincourt servit en quelque sorte, de victime expiatoire. Le 4 avril 1562, le connétable de Montmorency accompagné de la populace parisienne s'en alla faire rompre et abattre les prêches des religionnaires qui se trouvaient dans

(1) Arch. nat. S. 3126.
(2) Documents inédits sur l'Histoire de France. *Claude Haton*, Mémoires, 1553-1582, publiés par Bourquelot, 1858, I, 182.

les faubourgs de Paris, celui de Popincourt partagea le même sort. Le connétable livra à ses soldats les armes qui s'y trouvaient et fit brûler les chaises et les bancs, fait d'armes qui lui valut le surnom de capitaine « brûle-bancs ». (1)

Les religieuses Annonciades de Popincourt.

Pendant le règne de Louis XIII, une communauté religieuse vint s'établir à Popincourt dans une grande propriété élevée, paraît-il, sur les ruines du temple protestant, à l'angle de la rue qui fait l'objet de cette étude et de celle des Amandiers. Cet ordre féminin, dit de l'Annonciation, venait de Melun; il avait séjourné à Corbeil, puis à Saint-Mandé; les raisons de ces pérégrinations sont révélées dans un certain nombre de documents conservés aux Archives de la Seine et à la Bibliothèque historique de la Ville de Paris.

La supérieure des Annonciades, nommée Barbe Jacquet (2) avait obtenu du roi, le 15 février 1630, des lettres patentes qui permettaient l'établissement du couvent à Corbeil, mais n'ayant pas trouvé dans cette ville de lieu commode pour s'y fixer, elle sollicita de la faveur royale la permission de s'établir à Saint-Mandé. Voici le texte de cette requête jusqu'ici inédite : « Plaise au Roy faire don aux religieuses de l'ordre de l'Annonciade du monastère de Saint-Nicolas de Melun, des places et masures, bastiments, murs, clôtures, jardins, terres et petites maisons

---

(1) « Le dimanche de Quasimodo, V⁵ d'avril 1562, alla un infini peuple de Paris à Popincourt et abattirent la maison à coups de pierres; arrachèrent tout le bois et les poutres, et les portèrent devant la maison de la ville et là le firent brûler et criaient : « Dieu n'a pas oublié le peuple de Paris. » Et si quelqu'un en murmurait aucuns était extrêmement battu ou tué incontinent. » *Journal de l'année 1562*, publié dans la Revue Rétrospective, octobre 1834, 1ʳᵉ série. V, 92.

Le même fait est ainsi rapporté par un autre contemporain : « Avril 1562. — En ung samedy, 5ᵉ, Anne de Memorensy, connestable de Franche, fut devant brasque en la maison où pendoit pour enseigne la ville de Jherusalem, où preschoyent les huguenotz, et feit mettre le feu dedans la maison; de là il fut à Popincourt où il feit mettre pareillement le feu. Ce même jour furent pris prisonniers aucuns prédicans et ung advocat nommé Ruse. » *Journal de Jean de la Fosse, curé de Saint-Barthelemy*, 1557-1590. (Archives de la Seine. Copie faite sur le manuscrit original par M. E. Coyecque.)

Voir également : Collection de l'Histoire générale de Paris: *Registres des délibérations du bureau de la Ville de Paris*, publiés par A. Tuetey, VIII, 163-164.

(2) Dame Barbe Jacquet, mère et supérieure de l'Hostel Dieu et monastère de Saint-Nicolas de Melun.

estans, au village de Saint-Mandé tenant au bois de Vincennes, estans depuis la porte du parc appelée la porte de Saint-Mandé jusques à une maison appartenant au seigneur dudit Saint-Mandé (1), sans rien excepter ny réserver, sept arpens de terre estans au delà de ladite porte (2). Ensemble les droits de lods, ventes, admortissement et généralement tout ce qui pourra revenir et appartenir à Sa Majesté, à la charge d'indemniser ceulx qui ont intérest aux dites places, masures, petites maisons jardins et terres, pour audit lieu faire par les dites religieuses construire et bastir à leurs dépens une église et couvent de religieuses dudit ordre à l'honneur de Dieu et de la bienheureuse mère Jeanne, fille de France, et les suppliantes continueront à prier Dieu pour la prospérité et santé de Vostre Majesté ». Dans un autre placet au duc de Chaulnes, les suppliantes remarquent « que les dites places et masures sont de peu de valeur, inutiles, ne servant que de retraictes à gens de mauvaise vie, et au contraire ledit monastère sera un embellissement audict parc et une commodité pour les voisins qui pourront à toutes heures assister au service divin, estans les habitants de Saint-Mandé esloignés de demye lieue de leur paroisse qui est Charenton Sainct-Maurice ». (3)

Le rapport du maitre général des Œuvres et Édifices, René Fleury, rapport qui accompagne le plan dont il est question plus haut, fut favorable aux religieuses; il y est dit notamment

---

1) Le seigneur de Saint-Mandé, était à l'époque Jérome de L'Arche, lieutenant au bailliage du Palais. Ulysse Robert, *Notes historiques sur Saint-Mandé* Beucher. édit. Saint-Mandé. 1889, 51.

2) Un plan manuscrit est joint aux pièces que l'on conserve aux Archives de la Seine, il est daté de 1632 et montre exactement où se trouvaient ces maisons et masures convoitées par les religieuses; les bâtiments sont adossés au mur de clôture du parc anciennement occupée par la conciergerie du bois de Vincennes, à peu près sur l'emplacement de la mairie actuelle de Saint-Mandé. Les sept arpens de terre dont il est question dans la supplique etaient situés entre la Tourelle et l'avenue de Saint-Mandé. Archives de la Seine. H². *(Papiers des Annonciades de Popincourt)*. liasse 41.

3) Nous extrayons de ce rapport un passage intéressant pour la topographie de Saint-Mandé : « Plus est nécessaire pour la commodité publicque estre une petite porte en partye murée appelée la porte de Saint-Mandé. Icelle faut mettre sur le grand chemin de Paris audict chasteau de Vincennes près une antienne marque de tourelle qui est audict lieu, le tout désigné par ledict plan; laquelle porte qui sera mise sur le grand chemin servira à aller à l'estang et aux allées nouvelles des parterres au monastère des Minimes et ung ornement pour l'embellissement du chasteau et parc au lieu que celle qui est à présent est de nulle valeur en ce lieu fort dangereux pour estre esloigné du grand chemin de Paris. » Arch. de la Seine. *Ann. de Popincourt*, liasse 41.

que les terrains demandés ont fort peu de valeur et qu'il résulterait un grand avantage à les octroyer aux Annonciades (1). Louis XIII partagea cet avis et accorda à la nouvelle congrégation des lettres patentes portant permission de s'installer à Saint-Mandé. Pendant trois années environ le couvent occupa paisiblement le terrain qui lui avait été concédé, mais vers 1636 cette concession lui fut brusquement retirée, de grands travaux de voirie devant avoir lieu à cet endroit (2). Les religieuses protestèrent; il y eut procès. Ce fut en vain qu'elles résistèrent, il fallut bon gré mal gré se mettre en quête d'un nouvel emplacement pour le futur monastère. On découvrit dans la région du Faubourg Saint-Antoine une propriété à vendre, elle appartenait à un sieur Angrand, conseiller du roi; ce petit domaine et les bâtiments qui s y trouvaient, parurent parfaitement convenir à la communauté qui sollicita à nouveau de l'archevêque de Paris l'autorisation de se transporter rue de Popincourt. La réponse épiscopale ne tarda guère, elle était ainsi conçue :

« Jean François de Gondy, par la grâce de Dieu et du Saint-Siège apostolique, archevêque de Paris, conseiller du Roy en ses conseils d'Estat, commandeur de ses ordres et grand maistre de la Chapelle de Sa Majesté. A tous ceux qui ces présentes lettres verront, Salut : scavoir faisons que, veu la requeste à nous présentée par nos bien aymées filles sœur Barbe Jacquet, mère ancelle (3), et aultres religieuses de l'ordre de la Vierge

(1) Un des registres de recettes et de dépenses de ce couvent aujourd'hui aux Archives de la Seine, renseigne sur le séjour que les Annonciades firent à Saint Mandé ; on voit qu'elles y firent faire quelques travaux d'installation : des sommes sont payées au menuisier et au serrurier de Charenton, ainsi que pour le vin des maçons, couvreurs et charpentiers en juillet et en août 1633; l'architecte Fleury fait la visite des réparations nécessaires dans la maison de Saint-Mandé en novembre de la même année; le jardin fut planté et des meubles arrivèrent de Melun à destination de Saint-Mandé. Lorsque l'emplacement leur fut repris, elles ne déménagèrent pas immédiatement, mais seulement en décembre 1636, ainsi qu'en fait foi ce passage du registre cité : « Pour les frais de notre déménagement de Saint-Mandé et charriage de nos provisions de Melun depuis Melun jusques à Saint-Mandé et de Saint-Mandé jusques à Popincourt, premièrement... xxix livres xiv sous (etc.). » *Registre de Recettes et de Dépenses.* Années 1632-1657. p. 96.

(2) Sauval prétend que les religieuses partirent de Saint-Mandé pour permettre au roi de faire construire la ménagerie de Vincennes. Cf. Sauval. *Antiquités de Paris*, I, 655. Une étude sur cette ménagerie a paru dans le *Bulletin de la Société de l'histoire de Paris*, sous la signature de l'abbé Valentin Dufour, XVII, 55.

(3) Barbe Jacquet, dite de la Trinité, était la sœur du vicomte de Tigery,

Marie, dict de l'Annonciation, fondé par la bienheureuse mère Jeanne de France, non mendiantes, establies par nostre authorité en notre diocèse de Paris, au village de Saint-Mandé, le vingt septième octobre mil six cent trente deux, par laquelle elles nous auraient exposé que le principal suject qui les avaient [amenées] à nous demander ledict establissement estoit le don et fonds que Sa Majesté leur avoit faict de plusieurs arpentz de terre près le parc du Château de Vincennes pour y bastir un monastère de leur ordre et y vivre en l'observation de leurs reigles où elles auroient reçeu à profession quantité de religieuses mais que depuis, plusieurs s'estant opposez à l'exécution du don que Sadite Majesté leur avoit faict et n'ayant place convenable pour bastir au dict lieu un monastère à leur usage (1) requerroient qu'il nous pleust de supprimer leur dict monastère au dict village de Sainct-Mandé et le transférer au village de Popincourt, paroisse de Sainct-Paul, et permettre qu'en la maison du sieur Angrand qu'on leur a proposé d'acquérir elles puissent y faire bastir un monastère de leur ordre et y vivre religieusement selon leurs reigles au salut de leur âme et à l'édification du public. »

L'autorisation obtenue le 27 juin 1636, les Annonciades firent acquisition, le 24 juillet de la même année, par devant Mes Fournier et Dehainault, notaires au Châtelet de Paris, des maisons, clos et héritages, situés au lieu dit de Popincourt appartenant à messire Enverte Angrand, conseiller, secrétaire du roi, et à dame Catherine Gagnier, son épouse, moyennant, la somme de cinquante huit mille livres. Le nouveau couvent relevait de deux fiefs : pour onze arpens dix perches, il se trouvait dans la censive de la Fosse-Turquam dont le seigneur était Jacques Donjat conseiller du roi; en 1640 (2), il lui fut payé, le 22 juillet 1654, six livres cinq sols pour treize années de cens (3);

seigneur de Corbeil, qui avait légué aux Annonciades une rente de cinq cent soixante-neuf livres cinq sols à charge par elles de prier pour lui.
(1) Il y eut, comme on l'a vu d'autre part, installation provisoire à Saint-Mandé de 1633 à décembre 1638.
(2) Voir l'étude de M. Ch. Sellier sur « *Les Seigneurs de Clignancourt et de la Fosse-Turquam* », ouv. cit.
(3) Le seigneur de la Fosse-Turquam, en 1681, était le sieur Moufle. Nous relevons sur le premier volume des dépenses « le 13e jour d'aoust 1681, payé à monsieur Moufle, pour quatorze années de cens escheues à la Saint-Denis 1680, en conséquence de son fief de Clignancourt ou autrement dit de la Fosse-Turquam la somme de VII livres. Il y a dans notre clos 11 arpens 10 perches qui relèvent de luy du costé de Sainct-Louis et du

dix-huit autres arpens dépendaient de la censive du Grand-Chambrier de France; il lui était dû une livre par arpent. C'est en cette qualité que le président de Bercy reçut des religieuses, le 11 novembre 1665, la somme de dix-huit livres. Le roi ayant supprimé la Grande-Chambrerie, les profits de cette charge firent retour au domaine royal et les droits furent désormais acquittés en les mains des receveurs domaniaux.

Le 4 mai 1645, les religieuses achetèrent onze quartiers de terre cultivés en marais, provenant des héritiers du sieur de Barentin, seigneur de Charonne, moyennant la somme de trois mille livres, environ deux arpents et demi qui faisaient partie de l'achat primitif; le terrain cultivé en marais était loué à des jardiniers ainsi qu'un petit lopin de terre situé à Ménilmontant. Cette congrégation ne fut jamais bien riche; alors que certaines autres étaient propriétaires de nombreux et importants immeubles dans Paris, les Annonciades n'y eurent jamais que quelques misérables masures dont une maison de deux étages, située rue du Temple « à l'enseigne de Saint-Maurice ». Elle leur avait été léguée par un prêtre nommé Asseline, de la paroisse Saint-Nicolas des Champs (1).

Tout d'abord, les ressources conventuelles étant très modestes, on dut se contenter des bâtiments anciens, il y avait même dans la propriété une chapelle qui servit à l'exercice du culte (2). En 1647, un bâtiment fut construit (3). La communauté enfin établie songeait à organiser confortablement l'ancien logis du secrétaire du roi en attendant une période de prospérité qui permit à l'association d'édifier un nouveau cloître (4). La question de l'eau était surtout angoissante au xviie siècle; les fon-

chemin qui conduit à Saint-Maur-des-Fossés. *Bibl. de la Ville de Paris.* Mss 27261. Vol. I, 333 v°.

(1) Cette maison de la rue du Temple était située en face la rue Portefoin sans doute celle qui porte le n° 153 actuel); elle fut vendue définitivement le 15 septembre 1777 à Jean-Baptiste Lefebvre, négociant, demeurant rue Saint-Denis. Arch. de la Seine, *Hyp. Lettres* n° 6755, (1re série).

(2) « Il y avait dans cette maison une chapelle sous l'invocation de sainte Marthe qui leur a servi jusqu'en 1659. » Jaillot. *Recherches sur Paris*, 1775. III, 112.

(3) Bibl. de la ville, mss 27261. I, 300. Arch. de la Seine, H 2, p. 159.

(4) Pendant la Fronde, les religieuses, craignant pour leur sécurité personnelle, se réfugièrent prudemment à Paris; on trouve en effet dans les livres de comptes ces deux mentions « Janvier 1649. Donné à l'exempt des gardes qui a conduit la communauté de Popincourt à Paris pour la guerre... xl. 10 s. — Avril 1649. Donné le jour que nous sommes parties de Paris pour nous en retourner à Popincourt. Ibid., 168-170.

taines publiques, alimentées par les réservoirs de Belleville, tarissaient souvent, c'est pourquoi les groupements religieux se préoccupaient d'assurer leur consommation en obtenant par faveur une conduite spéciale. Dans les contrats de vente on prévoyait la continuation de ce privilège et les dames de Popincourt n'avaient point oublié cette clause lorsqu'elles firent l'acquisition de leur domaine. Une concession d'eau avait été consentie à l'ancien propriétaire par le Bureau de la Ville, les religieuses en profitèrent et elles eurent à ce sujet d'assez graves ennuis causés par la circonstance suivante : les conduites qui amenaient les eaux de Belleville passaient par un autre couvent : celui des Hospitalières de la Roquette, cette servitude n'était pas sans déplaire à nos Annonciades. Dès 1646, elles essayèrent de s'en affranchir : « Les religieuses de Popincourt firent fouiller des tranchées et rigolles pour ramasser des eaux dans une petite terre à elles appartenant, du costé de Charonne, et au bas d'icelles rigolles avoient commencé à fonder un regard de 15 à 16 pieds en carré pour recevoir lesdites eaux; lequel regard est fouillé et fondé de 7 a 8 pieds plus bas que les sources et rigolles de la Ville, ce qui pourroit altérer les sources des eaux de ladite Ville, lesdites religieuses avaient conduites les eaux de deux pierrées à leur regard (1). La Ville ordonna qu'on démolît et comblât tous ces ouvrages parce que, par la faute de ces religieuses, la fontaine publique du Marais du Temple avait été tarie et sans eau et les autres fontaines beaucoup diminuées. (2) » Il fallut donc se contenter du mince filet d'eau octroyé parcimonieusement et ce ne fut qu'un siècle plus tard, en 1736 et en 1740, que plusieurs jugements du Bureau de la ville accordèrent aux Annonciades une nouvelle concession de quatre lignes d'eau en augmentation de celle dont elles bénéficiaient déjà.

Cependant les dons généreux de quelques particuliers et les riches relations de certaines d'entre elles (3) permirent aux

(1) Bibl. de l'Arsenal. Mss. 2945 (320 bis H F), *Recueil sur l'histoire de Paris*, p. 861.
(2) Les travaux de canalisation occasionnèrent de grands frais, le registre de dépense en fait mention. Arch. de la Seine. Reg. de rec. et de dép. (années 1632-1657), pp. 150-151.
(3) La véritable fondatrice de cet ordre fut Marguerite de Louvencourt, en religion mère de la Transfiguration, fille de messire Antoine de Louvencourt et de dame Marguerite de Flesselles. Elle avait pris l'habit au monastère de Melun, le 10 septembre 1629, âgée seulement de treize ans et demi, et lorsque les supérieures furent appelées pour créer l'établissement nou-

dames de Popincourt, dès 1654, de commencer les fondations d'une nouvelle église pour remplacer la vieille chapelle devenue insuffisante. Les comptes du couvent nous montrent les religieuses passant un marché avec un certain André Rose pour les travaux de terrassement; une clause du contrat stipule que l'entrepreneur aura le droit de mettre sa jeune fille Magdelon en pension chez les Annonciades et que si elle meurt il en pourra mettre une autre; cette façon de placer sa progéniture était certainement ingénieuse, mais ne réussit qu'à demi, car l'année suivante un désaccord survenu mettait aux prises l'enpreneur et ses clientes et les renvoyait devant la gent chicanière (1). Les travaux n'en continuaient pas moins avec activité, l'église sortait de terre, et, le 7 août 1657, disent les registres du discrétoire : « a esté bénite la croix de nostre église par nostre révérend père confesseur Bernard Le Coq, père provincial, assisté de son compagnon le vénérable père de la Passion et ensuite montée dans son lieu avec le chant de musique ».

Le 24 août 1658, furent transférés dans la nouvelle église les corps de quelques religieuses inhumées provisoirement dans le jardin (2). On travaillait activement à la construction nouvelle

veau, elle fut choisie, toute jeune qu'elle était, pour travailler à ce dessein. La grande facilité qu'elle avait pour les affaires et sa prudence, jointes à un bel extérieur, lui attirèrent l'estime de tout le monde et engagèrent des personnes de qualité à entreprendre et à soutenir le nouveau couvent. Elle fut d'abord dépositaire, puis vice-gérante et enfin supérieure en 1642; elle mourut à Popincourt, le 10 juin 1687, âgée de 72 ans. Nous donnerons plus loin son épitaphe qui n'a point été connue de De Guilhermy, et M. Raunié, dans son Épitaphier du Vieux Paris, n'en fait aucune mention. Voir Arch. de la Seine. Doc. cit.

(1) « Dépense du bâtiment nouveau des Religieuses Annonciades de Popincourt à commencer le 28e febvrier 1654. A esté accordé à M. André Rose pour la thoise d'ouvrage de toute sorte tant grosse que moyenne que légère, à treize livres la thoise, pour le denier à Dieu... xvi livres 9 deniers. Le 14 mars 1654, passé le marché avec ledict Rose, donné pour la par advance... 2 mille livres. Le 18 mars 1654, M. Rose nous a amené sa petite-fille Magdelon pour demeurer chez nous cinq années sans payer de pension, ce qui lui a été accordé de vive voix en passant le marché, moyennant quoy, il ne nous compte point la fouille des terres massives, sy elle venoit à décéder pendant ce temps il en pourroit remettre une autre, sy elle avoit quelque fâcheuse maladie, il la retireroit pour ung temps, tout ce que dessus accordé, entre les parties. » Bibliothèque de la Ville. Mss. 27261. I, p. 5.

(2) « Le 24 août a esté beny en forme de cimetière par Nostre Révérend Père Le Coq et en même tems y a été transporté du cimetière de nostre jardin, les trois corps de la vénérable mère Marie Romanet: celuy de sœur Marie Treton et de ma sœur Anne Janvier, mises toutes trois dans une grande fosse au devant de nostre grille ». Bibl. de la Ville de Paris. *Mss 27261*, 5.

et les sculptures furent confiées, disent les comptes, à un praticien nommé Lespagnadelle; cet artiste fit un marché avec les Annonciades par lequel il s'engageait, pour la somme de six cents livres, à sculpter le portail, les deux figures de sainte-Barbe et de sainte Marguerite, l'Annonciation, le Saint-Esprit et les pilastres; il devait, en outre, poser deux pierres de marbre noir du portail et l'inscription sur la frise : *Notre Dame de Protection*. (1)

Des fragments de ces sculptures sont venus jusqu'à nous, ils sont conservés dans les jardins du musée Carnavalet. L'année suivante, les bâtiments claustraux furent continués et, le 9 décembre 1656, la cérémonie de la dédicace eut lieu par les soins de l'évêque du Puy : Henry de Maupas du Tour. La supérieure, Marguerite de Louvencourt, femme intelligente et capable, conduisait les travaux. Grâce à son habile direction, les anciennes constructions faisaient place à un nouveau cloître plus commode et surtout mieux approprié au logement des sœurs; on y travaillait encore dix années plus tard. Un sculpteur du nom de Beau, en mai 1669, ébauche une figure d'Annonciade dans le cloître à raison de 35 sols par jour. Cette figure, qui était au pignon du dortoir, fut achevée par un autre artiste nommé Le Roy, chargé également de faire les inscriptions pour les tombes de l'église à raison de six deniers la pièce.

La fin du XVIIe siècle fut l'époque la plus prospère de la communauté (2). La mort de la mère ancelle, Marguerite de Louvencourt, survenue en 1687, vint endeuiller les religieuses, elle fut remplacée par Madeleine Bochart, fille de Bochart de Saron, conseiller au Parlement. Aucun événement remarquable n'est à signaler dans la vie conventuelle qui s'écoulait calme et pai-

---

(1) Ibid., 14 verso. « Inscription qui était sur le frontispice de l'église des Dames Religieuses de Popincourt, bâtie par les soins de la vénérable mère Marguerite de Louvencourt.

D. O. M. ET V. M. 1658.
CETTE EGLISE A ESTE BASTIE PAR LES
RELIGIEUSES DE CETTE MAISON DE
L'ORDRE DE L'ANNONCIADE DE LA
SAINTE VIERGE, INSTITUÉ PAR LA
B. JEANNE DE FRANCE. »

Archives de la Seine. Liasse H².

(2) On relève parmi les noms des pensionnaires celui de Madeleine Hurault, fille du marquis de Veille, et parmi ceux des religieuses : Marie Akakia Duplessis, de la famille parisienne des Akakia.

sible, l'examen des livres de compte n'y révèle aucune perturbation ; bonnes rentes sur l'Hôtel de Ville, nombre de riches fondations, un pensionnat qui recevait des jeunes filles de la bourgeoisie et de la noblesse, tout contribuait à assurer au couvent de Popincourt une longue existence (1). L'hygiène la plus rigoureuse était observée ; les saignées et les rafraîchissants furent en honneur de tout temps et on y faisait une grande consommation de casse et de séné ; des calmants et des antifébrifuges étaient prescrits par les médecins des Annonciades sous la forme de médicaments spéciaux tels que le nénuphar, le catholicon, et le castoreum ; et ce qui prouve que cet ordre n'avait rien de commun avec saint Labre, c'est que les bains de rivière y étaient ordonnés.

Les habitants de la rue vivaient en excellente intelligence avec les religieuses et n'hésitèrent pas à signer une pétition qu'elles adressaient au lieutenant de police en 1754, pour protester contre le voisinage de fabricants de vernis dont l'industrie malodorante troublait la communauté. Le quartier commençait à devenir industriel ; des ouvriers tabletiers occupaient une maison de la rue de Popincourt appartenant à un sieur Crujean. Ces artisans fabriquaient eux-mêmes leur vernis et,

---

(1) *Épitaphe de la seconde supérieure du couvent de Popincourt qui ne figure pas dans les épitaphiers connus et que M. Raunié ne donne pas dans son 1er volume « Épitaphier du Vieux Paris » paru en 1890.*

A LA PLUS GRANDE GLOIRE DE DIEU
SOUS CETTE TOMBE
REPOSE LE CORPS DE LA RÉVÉRENDE MÈRE
ANCELLE SŒUR MARGUERITE DE LOUVENCOURT
DITE DE LA TRANSFIGURATION
SON AMOUR POUR DIEU, SON ZÈLE POUR LA RÉGULARITÉ,
ET SES RARES LUMIÈRES DANS SA CONDUITE,
LA FIRENT ÉLIRE A L'AGE DE VINGT-SEPT ANS
SUPÉRIEURE DE CE CÉLÈBRE MONASTÈRE
CHARGE DONT ELLE A PARFAITEMENT REMPLI LES DEVOIRS
PENDANT TRENTE-UN ANS CONTINUELS
ELLE A BEAUCOUP ÉLEVÉ SON MONASTÈRE PAR SES SOINS.
ELLE L'A HEUREUSEMENT GOUVERNÉ PAR LA PRUDENCE.
ELLE L'A ENFIN PUISSAMMENT SOUTENU PAR SON EXEMPLE.
CE SONT LES JUSTES ET VÉRITABLES IDÉES
QUE LA POSTÉRITÉ EN DOIT CONSERVER.

Elle mourut âgée de 72 ans, le 10 juin 1687.
Priez Dieu pour le repos de son âme

Arch. de la Seine. H² (liasse).

lorsque le vent soufflait du côté du couvent, il y ramenait les fumées des vernisseurs. La plainte fut reçue par le lieutenant de police qui la transmit au Châtelet (1), les ouvriers purent prouver que la cuisson du vernis se faisait, non pas dans leur atelier, mais dans un champ situé assez loin de là, près de Belleville, et les Annonciades furent déboutées.

A la période calme et prospère qui avait présidé au début du couvent, succéda, une époque plus âpre et plus difficile. De grandes difficultés pécuniaires surgirent, sans doute, car la communauté dut, dès 1769, aliéner une partie de son bien en faveur de deux voisins, les sieurs Jonniaux et Adam, tous deux sculpteurs-marbriers. Ces deux praticiens chargés de l'architecture du tombeau du roi de Pologne, Stanislas, avaient sollicité des religieuses l'achat d'un terrain qui les séparait du monastère (2). La vente fut consentie et autorisée par l'autorité royale (3). Le sculpteur Jonniaux acheta également aux religieuses leur petite terre de Ménilmontant, et, sans doute, pour se maintenir dans les bonnes grâces de ses vendeuses, il fit don aux Annonciades d'un autel en marbre avec les deux crédences, les marches et le carreau en pierre de liais, à charge par elles de faire dire des messes pour le repos de l'âme de ses parents et pour la sienne pendant cinquante ans; le sculpteur, qui assista au désastre final de la congrégation, put se convaincre d'avoir conclu un marché de dupe (4).

(1) Cette requête est en date du 9 mai 1754. Les religieuses Annonciades représentaient au lieutenant de police que « leur santé et celle de leurs pensionnaires était incommodée par ces odeurs. » Boulland, médecin de la communauté, ajoute que cela peut leur causer de grandes maladies; les défendeurs Jean-Georges Hallon, Pierre Hautebotte, tabletiers, et Crujeon, fabricant de vernis, habitaient rue de Popincourt, derrière la voirie de la Roulette, c'est-à-dire près de la rue de Ménilmontant (aujourd'hui Oberkampf). Les vernis étaient fabriqués dans un champ situé à la Haute-Borne appartenant à Crujeon. Arch. de la Seine. H² liasse.

(2) « Pour la marbrerie du mausolée du deffunt roy de Pologne, Stanislas, dont M. le comte de Saint-Florentin m'a bien voulu charger. » (Pétition du Sr Jonniaux à Saint-Florentin). Arch. Nat.les Q¹1237.

(3) Ce terrain, disent les livres de recettes des Annonciades, était « un grand creux plein de sable et une terre des plus ingrates et ne rapportant pas par an plus de 15 livres; il était mitoyen au mur de monsieur Jonniaux; de l'autre côté au mur de notre cour et au bâtiment de nos pères; la tasse est sur la rue de Popincourt, et le haut est le mur de séparation que les dits acquéreurs ont fait qui sépare notre clos d'avec eux; c'est ce mur et celuy qui sépare notre pré qui est pour toujours à notre décharge. » Arch. de la Seine. H² Recettes, Juillet 1769.

(4) « L'an 1770, le 21 décembre, M. Jonniaux a fait don à notre communauté d'un autel de marbre, avec les deux crédences, les marches, le car-

Jusqu'au jour où la Congrégation dut se dissoudre et abandonner le couvent qu'elle avait vendu, elle eut des pensionnaires; le fermier général Grimod de la Reynière y faisait élever sa fille; cette jeune personne avait pour compagnes d'études : Mesdemoiselles de Grandmaison; Lacroix, nièce du comte de Marville, receveur des finances, les filles de Lancry et de la comtesse de Saint-Paul. Quelques personnes qui momentanément voulaient trouver la paix au sein d'une calme demeure, venaient habiter le monastère de Popincourt, les religieuses louaient des logements; parmi ces locataires figurent : la comtesse de Montholon qui occupait une chambre en 1777, et en 1779, mesdames de la Perronnie et la baronne de Moresnes. La marquise de Cabris, sœur de Mirabeau, qui plaidait alors contre son père, y avait loué un appartement en janvier 1777, pour elle et sa femme de chambre (1); lorsque la belle et courageuse jeune femme revint dans le quartier dix ans plus tard accompagnée de son mari, elle ne trouva plus sa paisible retraite; les Annonciades étaient parties et le cloître vendu. Morcelé par la spéculation, le monastère devait disparaître; seule, la petite église survécut à la communauté.

L'église Saint-Ambroise.

Les religieuses Annonciades, après avoir épuisé tous les moyens utiles pour rétablir leur fortune chancelante, eurent recours à la charité publique : la commission des loteries reçut d'elles une requête dans laquelle elles sollicitaient un secours (2). En 1782, la communauté fut dispersée et les religieuses eurent la liberté de choisir séparément une nouvelle retraite; avant leur départ, elles avaient vendu à la société Perrot de Chezelles, Blosseville et Valentin, les bâtiments claustraux, leur église,

reau de pierre de liais et il doit y joindre le tabernacle en marbre, et nous nous chargeons de faire dire trois messes basses pour le repos de monsieur Elizabeth-Gaspard Jonniaux comme bienfaiteur, de son père François Jonniaux décédé le 20 7bre 1755, et de sa mère Suzanne Jonniaux, décédée le 1er août 1764; ces messes à son décès reportées sur lui pendant cinquante ans. » Ibid., 63 v°.
(1) « Reçu de Madame de Cabris 3 mois de sa pension et du loyer de sa chambre qui écherrons le 18 mars 1777 ». Elle prend un appartement avec sa femme de chambre (janvier 1777).
(2) F. Bournon. Rect. à l'hist. de Paris de l'abbé Lebeuf, ouv. cit., 174.

ainsi que le terrain sur lequel ils étaient édifiés (1). Cette société

(1) « Louis, par la grâce de Dieu roi de France et de Navarre : à tous ceux qui ces présentes lettres verront, salut. Benigne Perrot, chevalier, vicomte de Bosseville, demeurant à Paris, rue des Saints-Pères; Louis-Antoine Valentin, écuyer, commissaire des guerres, demeurant à Paris, rue Traversière; et Bon-Gilbert Perrot de Chezelles, directeur de la Correspondance générale, demeurant rue Neuve des Petits-Champs, nous ont fait exposer que par contrat passé devant Lagrenée et son confrère, notaires, le 15 may 1781, duement insinué, lesdits exposants conjointement et sous la réserve expresse de la faculté auxdits exposants de vendre tout ou partye des objets composans l'acquisition cy après à telles personnes, tels prix et conditions qu'ils jugeront à propos, mais sans pouvoir disposer des prix, sinon de l'excédent de la somme de 150,000 livres sous la dite condition, ont acquis de Guillaume Pierre Renoux, advocat au Parlement, demeurant rue des Noyers au nom et comme fondé de la procuration spéciale des supérieures, vice-gérantes, dépositaires, discrètes et religieuses vocales composant la communauté des Annonciades du Saint-Esprit, établie à Paris, fauxbourg Saint-Antoine, rue de Popincourt, toutes assemblées capitulairement au son de la cloche en la manière accoutumée et toutes dénommées en ladite procuration ainsi qu'au contrat et acte de ratification d'iceluy étant ensuite ledit contrat confirmé depuis sa passation par nos lettres-patentes duement enregistrées au Parlement et en la Chambre des Comptes : 1° Généralement et sans réserve tous les terrains sur lesquels sont assis leur maison rue de Popincourt, bâtiments, église et autres édifices compris en leur clôture et en dépendant ainsy que les eaux qui en dépendent et les bâtiments, maisons et église qui sont sur les terrains et tous les terrains qui sont en cours, basse-cours, jardins, potagers, clos, vergers et autres dénominations quelconques renfermées en l'espace de 22 arpens environ ainsy que le tout se poursuit et comporte et qu'il existera lors de la sortie des dames du monastère. 2° Tous les effets garnissants les bâtiments, boiseries, armoires, ornements, servant aux maisons, église et édifices, argenterie étant en icelle à l'exception des vases sacrés, linges, ustanciles de ménage, labourage, jardinage, buanderie, cheval, vaches, voitures, tombereaux et autres objets, mobiliers sans exception. 3° Tous les droits, noms, raisons et actions qu'elles peuvent avoir à exercer contre toutes personnes à tels titres et causes que ce puisse être. 4° Le restant du dépôt fait à Me Dosne, notaire, par le sieur et dame Adam procédant de la vente aux cy-devant faite par lesdites religieuses, ladite vente faite auxdits exposants sous l'exception et réserve : 1° Des rentes viagères personnelles et particulières à chacune des religieuses. 2° Tous les vases sacrés et ornements et effets garnissants la chapelle du sieur Petit et non appartenants auxdites religieuses. 3° Tous les meubles, habits, linges, hardes à l'usage de chacune d'elles et qu'elles pourront emporter dans le lieu qu'elles choisiront pour leur habitation de l'agrément de leurs supérieurs. 4° Le reliquat du compte à elles rendu par Lagrenée, leur notaire, pour raison des dépôts faits en ses mains par les anciens adjudicataires des fonds à elles appartenant et précédemment vendus. Plus aux charges : 1° de 938 livres 8 sous de rentes foncières pour obits et fondations formant un principal de 18,768 liv.; 2° d'une somme de 14,400 livres en rentes viagères à reporter sur la tête et pendant la vie de chacune desdites religieuses, tant de chœur que sœurs converses composant ledit couvent suivant l'état de répartition fait par lesdites religieuses sur la tête de chaque individu et pour s'éteindre à mesure du décès de chacune d'elles. Ladite rente viagère composant un capital de 144,000 livres, les principaux desquelles rentes tant foncières que viagères joints aux 130,000 livres, prix en argent font la somme de 292,768 livres, de laquelle

de spéculateurs, dont il a été bien des fois question au cours de la publication des mémoires de Lefebvre de Beauvray, revendit par fractions le domaine ainsi aliéné.

Le roi acheta en 1787, lorsque les acquéreurs cédèrent des parties de cette vaste propriété, celle où se trouvaient l'église et divers bâtiments, afin d'y établir un hôpital qui devait contenir trente-six lits pour la garde de Paris (1). Il fut alors question d'ouvrir sur les diverses parties de ce terrain trois rues qui faciliteraient l'accroissement de valeur de la propriété. L'hôpital aurait été borné par ces trois rues au sud, à l'est et au nord. La rue sur le nord existe sous le nom de Saint-Ambroise (2), la rue sur l'est a existé sous le nom de Beauharnais, l'autre n'a jamais été ouverte. La rue Beauharnais fut supprimée par décision ministérielle du 9 octobre 1818 (3). Mais déjà les habitants du quartier, paroissiens les uns de Saint-Laurent, les autres de Sainte-Marguerite, avaient obtenu de Monseigneur Leclerc de Juigné l'érection de cette chapelle en une paroisse, où ils pussent trouver les secours spirituels (4). On en payait à M. Perrot

déduisant celle de 131,159 livres 10 sous pour les capitaux des rentes dues audit monastère par Le Roy, lesdites rentes comprise en la vente faite par ledit contrat, mais non comprises aux présentes lettres, le prix des objets relatifs à icelles est réduit à la somme de cent soixante-un mil six-cent huit livres dix sols pour en jouir en toute propriété leurs hoirs et ayant cause des jours et termes fixés par ledit contrat. Lesquels terrains et batiments, maisons, église, jardins et dépendances appartenaient comme les possédant sans trouble, au moyen des différentes acquisitions qui en ont été faites dans le siècle dernier, et comme fondées au lieu où elles sont actuellement en 1636 par des religieuses du même ordre lors établies à Melun, lesdites fondations ne consistant alors que dans environ 24 arpents de terre qui furent acquis moyennant cinquante six mil livres. » Archives de la Seine. *Lettres de ratification d'hypothèques*, n° 15,600.

(1) Arch. Nat. Q¹ 1237 : « Vente d'un terrain et bâtiments au roy pour l'établissement d'un hôpital pour la garde de Paris. » Cette fondation ne fut pas faite, la Révolution devait donner une autre destination à ces terrains.

(2) La rue Saint-Ambroise fut ouverte en 1783 sur l'emplacement du couvent des Annonciades du Saint-Esprit. Elle fut dénommée en 1802. Une décision ministérielle du 6 pluviôse an IX fixa sa largeur à 9 m. 74. Cf. *Nomenclature des voies publiques et privées*. Édit. de 1898,581.

(3) « Extrait d'un rapport de M. Bourdon, commissaire-voyer : « La rue projetée sans dénomination par les acquéreurs de l'ancien monastère des Dames Annonciades de Popincourt, puis adoptée et reconnue par le gouvernement sous le nom de rue de Beauharnais, ayant été supprimée par décision de Son Excellence le Ministre de l'Intérieur en date du 9 octobre 1818, les propriétaires et détempteurs de terrains riverains ont revendiqué la propriété et la jouissance du territoire de ladite rue. » Arch. de la Seine, *Collection Lazare*. Reg. II, 370.

(4) On a vu précédemment que les habitants du quartier avaient adressé une requête à l'archevêque pour obtenir l'érection de cette chapelle en

de Chezelles la location. Les autorités civiles et ecclésiastiques, d'un commun accord, avaient affecté à cette paroisse du nom de Saint-Ambroise une circonscription territoriale qui assurait les revenus nécessaires soit à l'entretien de l'église, soit au traitement du clergé, soit à la distribution des aumônes aux pauvres de ce quartier. Voici quelles furent les premières limites de la paroisse. A partir de l'entrée du faubourg du Temple jusqu'à la barrière du Combat, la droite; de la barrière du Temple à la barrière Saint-André; la rue de la Folie-Regnault, à droite; la ruelle et la rue de la Roquette, à droite jusqu'à la rue Daval; la rue Daval à droite jusqu'aux boulevards; les boulevards à droite jusqu'au point de départ.

Les premiers curés n'eurent qu'une existence précaire comme dans toutes les paroisses nouvellement créées, ils ne furent plutôt que vicaires perpétuels des paroisses dont on avait distrait la population (1).

Les archives de Saint-Ambroise, dit l'abbé Gaudreau, constatent que le premier curé de l'église se nommait Varlet, il l'administra pendant les années 1791, 92 et 93, ayant pour vicaires MM. Tournaire, Bernier, Noyel, etc.

Varlet devint, après la Révolution, curé de Sainte-Elisabeth (2).

paroisse, et que Lefebvre de Beauvray avait signé cette pétition avec ses voisins.

(1) La chapelle fut ouverte officiellement comme paroisse le 4 février 1791, mais, comme le dit l'abbé Gaudreau, elle le fut effectivement dès 1786. Voir à ce sujet le Journal de Lefebvre de Beauvray.

(2) Varlet (Côme-Annibal-Pompée), curé de la paroisse Saint-Ambroise, 51 ans, rue de Popincourt. Charavay. *Les électeurs du département de Paris en 1791*. Section de Popincourt, p. 51. Nous publions ici deux curieuses lettres de ce curé adressées à la direction des Domaines. Dans ces lettres, Varlet réclame à l'administration le prix des dépenses faites par lui pour le défrichement et l'entretien du jardin presbytérial.

« Je vous envoie, citoyen, copie d'une lettre que j'ai adressée à l'administration, relativement à un terrain que j'ai fait défricher. J'ai écrit en même temps au citoyen Balduc qui m'a donné des marques de sa bienveillance reconnue en cette occasion; je lui faisois observer et je vous observe, que ce terrain m'étoit cédé par l'administration elle-même, puisque dans une clause du bail passé en faveur du citoyen Véron et Cie, il est dit, que la totalité de ce local appelé le chef-lieu, est affermée, excepté le jardin et le logement réservé au curé. Peut-être n'emploie-je pas les mêmes termes; quelqu'ils soient, ils présentent le même sens. Vous pouvés vous en convaincre par le bail qui est, peut-être entre vos mains. J'ai donc oublié de faire mention de cette clause qu'aura sans doute fait valoir le citoyen Balduc. J'aurois aussi dû observer que j'avois fait mettre du buis, des fleurs, et que tous ces objets subsistaient lorsque le jardin cessa d'être à ma disposition. Je ne m'attendois pas sitôt à être privé du fruit de mes sueurs. Mes réclamations vous paraîtront d'autant plus fondées que ce jardin vient d'être affermé

— 89 —

Les bâtiments de l'église furent vendus, le 2 prairial an V (1), à deux industriels associés avec un sieur James Moody, pour la fabrication de la bière anglaise; une distillerie était également établie dans les dépendances de Saint-Ambroise. L'entreprise périclita et les brasseurs durent déposer leur bilan en l'an VII.

Vers 1798, M. Thomas Raynaud et son frère Louis Raynaud firent des démarches pour que les restes du couvent fussent rendus à leur destination première. Ils prirent à location, des

trois cent cinq livres. Vous conviendrés que si j'eusse été locataire j'aurais joui le temps de mon bail. Je vous fais juge et j'espère que je retrouverai en vous l'avocat que j'ai perdu dans le citoyen Balduc. Votre réputation me garantit que ma confiance ne sera point trompée. Salut et fraternité. — Varlet, chez son frère, petite rue Louis-Honoré, le 30 prairial an 3. — Je joins l'état des dépenses que j'ai faites dans un jardin que je croyais devoir faire les délices de ma vie. »

« Copie de la lettre du 26 ventôse. Varlet, rue Sébastien n° 14 (section de Popincourt). Aux membres composant l'administration des Biens Nationaux du département de Paris.

En 1791, appelé par le peuple à la cure de Saint-Ambroise, faubourg Saint-Antoine, j'avois droit à un logement qui me fut accordé. Au logement étoit joint un terrain rempli de sable et de cailloux; le citoyen Leroux-Delaville, alors officier municipal, me dit de tirer parti de ce terrain; il donna même des ordres pour qu'il fût procédé à le déblayer des matières qui s'opposaient à sa fertilisation. L'exécution de ces ordres eut lieu pendant quelques jours; ce travail cessa tout à coup; je fus obligé de le faire continuer à mes frais. Il est venu de la part de l'administration un citoyen visiter ce terrain à qui j'ai rendu compte de tout ce qui s'étoit passé jusqu'à cette époque : le département a été aussi informé de tout ce que je faisois pour atteindre le but que je me proposais. J'ai cru répondre aux vues bienfaisantes de l'administration en cherchant à fertiliser ce terrain, au moins la meilleure partie. Pour cela il a fallu faire transporter les cailloux et le sable et les remplacer par une bonne terre, du fumier et du terreau. Ces frais et ceux d'achat de plantation d'arbres fruitiers, grands et petits, montent à la somme de 1,073 livres 18. Il vous est aysé de vous convaincre des faits cy-dessus avancés; ces opérations se sont faites sous les yeux du comité civil dont la salle d'assemblée étoit et est, sous le logement que j'occupois. Employé au service de la République, commission des Armes, je n'aurois point fait cette réclamation, si des raisons impérieuses ne m'en faisoient un devoir de justice. Je m'en rapporte entièrement à votre équité. Pour copie conforme : signé Varlet. » Arch. de la Seine. *Domaines*, 522 liasse 374.

(1) 4e arrondissement, division de Popincourt. Église et dépendances dite ci-devant de Saint-Ambroise. Cahier des charges, clauses et conditions : église et dépendances, dite ci-devant Saint-Ambroise rues de Popincourt et Ambroise provenant des ci-devant dames de Popincourt, section de ce nom, ainsi qu'elles se poursuivent et comportent et telles qu'elles sont désignées au rapport ci-joint de l'architecte des Domaines portant leur estimation locative annuelle à la somme de quinze cent livres. Archives de la Seine. *Domaines*, carton 702. Les acquéreurs de l'église furent les sieurs Pannier et Gressien, hommes de loi, rue Chabanais, n° 44, moyennant 52,000 livres. La vente comprenait, outre l'église, le jardin du presbytère d'une contenance de 66 perches et l'ancienne caserne des Gardes Françaises dite sur le sommier des biens nationaux : hospice Popincourt.

mains du syndic des créanciers qui actionnaient le propriétaire insolvable, l'église et la partie du presbytère qui n'avait pas été dénaturée (1), (Reg. de fabrique, 4 déc. 1803). Ils s'y réunirent pour exercer leur ministère. Un grand nombre de paroissiens s'unirent à leur zèle et à leurs sacrifices pécuniaires; les églises Sainte-Marguerite et Saint-Laurent, mieux pourvues de mobilier, firent des dons et des prêts fort utiles (2). Les deux frères si actifs furent reconnus curés par indivis jusqu'en 1801, où l'un d'eux quitta Saint-Ambroise pour aller gouverner la paroisse Charenton Saint-Maurice (3).

Aux MM. Raynaud succéda, à la fin de 1802, M. J.-B.-Marc

(1) Les sieurs Jean-Baptiste-Siméon-Dominique Pannier et Jean-Baptiste Gressien, acquéreurs, avaient converti l'église Sainte-Ambroise en brasserie et s'y livraient à la fabrication de l'ale et du porter; ils firent de mauvaises affaires et l'on conserve aux Archives de la Seine le bilan de ces industriels associés avec un James Moody dans cette exploitation : « Etat des dettes actives et passives des sieurs Gressien et Pannier patentés pour l'an VII, les 14 et 24 thermidor sous le n°s 490 et 499 comme brasseurs associés de James Moody dans la brasserie établie rue de Popincourt; non sujets à patentes pour l'an VIII se référant aux registres tenus à la brasserie. Dettes actives : Le tiers indivis de la brasserie de Popincourt, qui produit suivant le bail fait à Moody 2.400 livres plus 1.200 livres par une contre-lettre; acquis du citoyen Athanase Coquerel, le 14 pluviôse an VI et qui a coûté, frais compris, 23.000 livres, qu'on évalue 30.000 livres Une maison de plusieurs corps de logis, église, cour, jardin attenant à la brasserie, acquise de la Nation le 2 prairial an V, moyennant 52.000 livres payables, partie en numéraire, partie en inscriptions sur laquelle restent dues les cédules mentionnées au passif, indépendamment des locaux occupés par la distillerie, qui sont loués à Moody 3.600 livres, évalués 50.000 livres. » Arch. de la Seine. *Bilan*. Carton 89, 1.099.

La brasserie de Popincourt fournissait plusieurs cafés de Paris, notamment : le café « Anacréon » tenu par Desmagny, boulevard Saint-Martin; le café du « Père de Famille » tenu par Maurice, boulevard du Temple; Dumolard et Jacquier, « à Calypso », rue des Martyrs; le café Paris, sur le Pont-Neuf; le café du Rendez-vous, en face le Palais de Justice; Robin, Cloître Honoré, café du « Méridien »; à la « Grotte » Palais Égalité; on relève également, parmi les noms des clients, celui de Talma, rue et hôtel Grange-Batelière, etc. Arch. de la Seine, ibid.

(2) Les marbres que le sculpteur Jonniaux avait gracieusement offerts aux Annonciades se trouvaient encore dans l'église au moment où celle-ci fut vendue révolutionnairement. Nous trouvons dans le carton 702 des Archives de la Seine, ces deux lettres qui en font mention : « *8 fructidor an VI.* Le ministre nous prescrit, de faire mettre à la disposition du sieur Raymond, l'autel en marbre blanc veiné et les autres marbres qui existent dans la ci-devant église de Popincourt pour les piédestaux des statues antiques arrivées d'Italie et les autres au pavé du Muséum. » L'autre lettre est en date du 25 fructidor an VI : « Le citoyen Raymond, inspecteur du Palais-National, dit que les marbres de l'église, ne sont d'aucune utilité pour les travaux à faire au Muséum tant par leur forme que par la petite quantité de leur espèce. »

(3) Abbé Gaudreau. *Notice sur Saint-Ambroise*. Paris, 1847, in-8°.

Mireur qui constitua une fabrique régulière. Les deux frères Raynaud et M. Mireur lui-même réclamèrent alors le mobilier qu'ils avaient acquis de leurs deniers. Il y eut à cette occasion inventaire, estimation au prix de 3,480 francs, pour M. Mireur seul restitution des objets ou de leur valeur approximative, ce qui fut pour l'église une cause de gêne déplorable. Le curé Mireur ne fut qu'un an à Saint-Ambroise qu'il quitta pour occuper la cure de Clichy-la-Garenne. Ces ecclésiastiques eurent pour successeurs : MM. Frison, de 1803 à 1818; Quinet, de 1818 à 1831; Rouvière, de 1831 à juin 1831; Jacolet, de 1831 à 1840; Legras, de 1840 à 1845; Gaudreau, de 1845 à 1849; Chossard, 1849. L'historien de Saint-Ambroise signale l'état de pénurie qui était presque habituel à cette paroisse. La circonscription de 1803 qui changea celle de 1791 en était, paraît-il, la cause. La démarcation était ainsi : à partir de la rue de la Folie-Méricourt, le Faubourg du Temple à droite; la barrière du Temple jusqu'à celle des Amandiers; la rue des Amandiers à droite; la rue du Chemin-Vert; le boulevard Beaumarchais; la rue de Ménilmontant (rue Oberkampf actuelle); la rue de la Folie-Méricourt; Faubourg du Temple. Il ne restait donc plus que la moitié de l'ancienne population avec des maisons ouvrières et pauvres; l'église cessait d'être centrale. On eut, dit Gaudreau, recours aux quêtes à domicile (9 mars 1806, 13 août 1815); on dut diminuer le nombre des vicaires (16 octobre 1808), solliciter des secours du chef de l'État (16 avril 1803), et enfin présenter, souvent et sans succès, les doléances de la cure aux autorités.

Parmi les vicissitudes sans nombre de l'église l'historien paroissial signale : « La privation d'un presbytère et la crainte, pour le curé, d'être obligé de quitter l'église dont la fabrique ne jouissait qu'au titre de locataire. Dès 1805, le propriétaire faisait son possible pour vendre le bâtiment; la même année, la fabrique était obligée de louer les greniers au-dessus de la chapelle de la Vierge pour construire une tribune dans l'arcade qui en formait l'entrée, afin de donner plus de place aux fidèles. En 1811, elle actionnait en vain les syndics des créanciers du propriétaire, afin d'obtenir des réparations locatives. Enfin, le 31 août de l'année 1811, la ville de Paris rachetait la propriété moyennant 67,500 francs.

En 1814, la fabrique se plaignait d'un hôpital provisoire que l'on avait établi sur le comble de l'église. Cette plainte fut suivie de l'abandon de tout le presbytère au clergé, et la ville fit acquisition, dans le cours de 1818 d'une petite maison attenante à l'église et appartenant à M. Perrot de Chezelle, où l'on put loger principalement le premier vicaire. En 1816, sous la direction de M. Godde, architecte, on avait agrandi le sanctuaire et déplacé le clocher pour l'établir au-dessus du portique et l'on avait procédé, le novembre 1818, à la bénédiction de l'église, sous la présidence de M. Jalabert, vicaire général de Paris.

En 1805, la fabrique fit l'acquisition de deux cloches bénites par l'archevêque de Belloy, le 19 novembre de la même année elles reçurent les noms de *Fiacre-Ambroise* et de *Marie*. L'ancienne église Saint-Ambroise conservait les reliques de ce saint données à la paroisse par Mgr de Quelen, archevêque de Paris en 1825 (1). Sous l'administration de M. Legras, des peintures remarquables furent faites au sommet de l'abside : elles représentaient le départ des apôtres pour leur mission. Pendant la cure de l'abbé Gaudreau, on construisit un orgue et sa tribune et plusieurs chapelles furent embellies (2).

Le percement du boulevard du Prince Eugène, (aujourd'hui

(1) Les renseignements de l'abbé Gaudreau paraissent avoir été pris dans les archives de la paroisse.

(2) « Cet édifice, qui n'offrait du reste aucun intérêt au point de vue de l'art, a été démoli en 1869, lorsque la nouvelle église construite par M. Ballu, architecte, put être livrée au culte. Il contenait une statue de Saint-Jean-Baptiste, par Guichard, placée en 1819 dans la chapelle des fonts baptismaux; trois statues de Caillouette : la Vierge Immaculée, au-dessus de l'autel de la chapelle de la Vierge (1825), la Foi et l'Espérance à gauche et à droite du maître autel (1827 et 1829); deux tableaux de l'école de Mignard : Ecce homo et Sainte Madeleine ; un tableau de Hallé : l'Annonciation ; un tableau de Wafflard : Saint-Ambroise sauvant un prêtre arien de la fureur du peuple, au-dessus du maître-autel (1819); un tableau de Lair : Jésus portant sa croix, à gauche près du maître-autel (1822); un tableau de Champmartin : La fuite en Égypte (1825); un tableau de Péron : la Résurrection de Jésus-Christ, à droite près du maître-autel (1827); des fresques de Jollivet, dans la demi-coupole du chœur; un tableau de Jouy : l'Adoration des mages (1842); un tableau de Biard : les Saintes femmes au tombeau (1843), et un tableau de Bouterweck (1847). Les statues, en très mauvais état, n'ont pas été conservées; mais les tableaux ont été repris pour être placés dans d'autres églises, au fur et à mesure des demandes, sauf celui de Vafflard, qui est actuellement dans la nouvelle église où il décore la sacristie des messes. L'église d'Issy a déjà reçu la Fuite, et celle de Joinville : l'Adoration des Mages, de Joux ; Jésus portant sa croix, de Lair, les Saintes femmes au tombeau, de Biard, la Résurrection, de Péron, sont dans l'église Notre-Dame de Bercy. Les autres tableaux sont encore dans les magasins de la Ville. *Inventaire des richesses d'art de la France*. Église Saint-Ambroise, par L. Michaux, 1876, I, 28, 29.

Voltaire), qui coupait en deux parties la rue de Popincourt, isola la petite église Saint-Ambroise, et l'ancienne chapelle parut bien mesquine sur la nouvelle voie. On résolut de la supprimer un décret impérial, en date du 24 janvier 1863, ordonna la reconstruction de l'église et du presbytère. Les expropriations furent immédiatement poursuivies et atteignirent les immeubles portant alors, sur la rue Saint-Ambroise, les n°s 1, 3, et de 2 à 16; sur l'avenue Parmentier, les n°s 17, 19, 21, 23, et sur l'impasse Saint-Ambroise, le n° 3. La place qui est aujourd'hui devant l'église et dont deux côtés sont formés par les rues Saint-Ambroise et de La Charrière n'a pas reçu de dénomination spéciale. La voie nouvelle en prolongement de l'avenue Parmentier, qui s'est appelée originairement rue Sainte-Irénée, a pris le nom de la rue de La Charrière dont elle forme le prolongement. Une autre rue percée à la même époque porte le nom de rue des Annonciades; elle est située au chevet de l'église.

La nouvelle église Saint-Ambroise fut construite d'après les plans et sous la direction de M. Théodore Ballu, architecte; elle couvre une superficie de 2,900 mètres et a coûté 2,217,534 fr. 58. Son style léger, hardi est le style roman du XII° siècle. Sa facade principale a vue sur le boulevard Voltaire. Le monument religieux est précédé d'un porche grandement ouvert et flanqué de deux tours de 60 mètres d'élévation et décoré, au premier étage, d'une imposante arcature surmontée d'une rosace richement ornée. A l'étage au-dessus est une seconde arcature de même caractère que la précédente, mais de dimensions plus larges. Au sommet, à la naissance de la flèche, les angles des tours sont accompagnés de campaniles élégants dont les lignes se marient heureusement avec l'ensemble de l'édifice. Sur la facade principale ainsi que sur les pignons du transept, s'ouvrent, à la hauteur du comble des bas-nefs, de grandes rosaces enrichies de verrières. Une galerie de pierre s'étend sur tout le developpement de l'édifice qui comporte trois nefs voûtées et un transept.

La construction de l'église s'acheva en 1869; le 27 avril de la même année, en présence de l'Empereur Napoléon III et de l'Impératrice, eut lieu la bénédiction des cloches, et, le 11 novembre, l'édifice fut remis officiellement au culte [1].

[1] Voir pour la liste complète des curés de Saint-Ambroise, le discours de l'abbé Caron, archidiacre de Notre-Dame, prononcé le 15 décembre 1897 à l'église Saint-Ambroise, discours publié dans la *Semaine religieuse de Paris,* n° du 18 décembre 1897, pp. 775 et suivantes.

La caserne Popincourt.

Un des premiers démembrements du couvent des Annonciades fut la vente d'un terrain joignant le monastère et dont il est question d'autre part. Les sculpteurs-marbriers Jonniaux et Adam achetèrent aux religieuses le 28 avril 1769 : « Une pièce de terre mise en herbage et régnant sur la rue de Popincourt, depuis le coin du mur de séparation de la première cour des Dames Annonciades jusqu'au mur qui les sépare d'avec le sieur Jonniaux. Ce dernier est convenu d'en prendre un arpent 4 perches 4 pieds; et le surplus, qui est de 5 arpents 6 perches 14 pieds, doit être acquis par le sieur Adam (1). » Lorsque les travaux de sculpture entrepris en collaboration avec Jonniaux furent terminés, Jacques Adam fit construire sur la portion de terrain acquise par lui les batiments destinés à loger les gardes-françaises; on trouve, en effet, aux Archives Nationales le mémoire des ouvrages de maçonnerie relatifs à cette construction : « Mémoires des ouvrages faits pour M. Adam aux casernes pour loger les gardes-francaises du roi (2), sises à Paris, rue de Popincourt, sous les ordres de M. Dorbet, architecte, lesquels ouvrages ont été commencés au mois de mars 1770, et finis au mois de mars 1771 par Marchaix et Lafont, associés (3) ».

Au commencement du xviie siècle, les casernes étaient des espèces de réduits bâtis de loin en loin sur les remparts des places fortes et servant de corps de garde pour six hommes. L'ordonnance du 14 août 1623 prescrivit aux villes qui se trouvaient sur les lignes d'étape, d'entretenir des maisons non habitées pour le logement des troupes en marche ; c'est ce qu'on appelle aujourd'hui des casernes de passage. Mais les soldats en garnison continuaient à être entassés dans les réduits cités plus haut ou à être logés chez les habitants. La première ordonnance qui s'occupe réellement du casernement date du 3 décembre 1691; elle prescrivait que les gardes-françaises seraient logés dans les faubourgs de Paris. Une caserne fut

---

(1) Arch. Nat. Q 1 1237.
(2) Jacques Adam, sculpteur-marbrier et Marie-Anne Dumont, sa femme demeurant à Paris, rue des Filles-du-Calvaire, Arch. de la Seine. Hyp. *Lettres* 5,720 ª. Cet Adam n'était pas de la famille de Sébastien Adam aussi sculpteur-marbrier, lequel demeurait rue des Amandiers et dont il est également question au cours de cette monographie.
(3) Arch. Nationales Z¹ j. 1273.

commencée pour eux par les soins de la municipalité mais elle ne fut achevée qu'en 1716. Une autre ordonnance du 11 octobre 1724 autorisa la ville de Paris à faire construire des casernes, pour décharger les bourgeois du logement militaire. Enfin, en 1764, on décida que les gardes-françaises seraient casernés dans trois ou six corps de bâtiments. On entreprit la même année la construction de onze casernes aux frais de la ville (1). La caserne Popincourt fut-elle l'entreprise particulière du sieur Adam ? il est permis de le croire, étant donné le mémoire cité plus haut.

On lit dans Le Guide des étrangers voyageurs à Paris publié par Thiéry en 1787 : « Le corps de caserne élevé sur la droite de cette rue [Popincourt], contient deux compagnies de fusiliers, de cent vingt hommes chacune et une de grenadiers de cent dix hommes (2). Une publication contemporaine de la prise de la Bastille nous renseigne sur le rôle joué par les gardes-françaises de Popincourt le 14 juillet 1789 (3).

Les gardes-françaises ayant été licenciés, leur caserne se trouva sans affectation spéciale. M. Tuetey cite une lettre de M. de Lajard, aide-major, à M. de Saint-Martin, chef du département des gardes nationales parisiennes, en date du 10 janvier 1790; dans cette lettre, M. de Lajard informe son correspondant de l'installation des chasseurs de la Halle à Popincourt et l'avise qu'un casernement ne peut être choisi sans l'assentiment de l'état-major général (4). Quelques jours plus tard M. de Gouvion, major général de la garde nationale, prévient Saint-Martin de la nécessité qu'il y a de faire sortir la compagnie De la Crépulière de la caserne du faubourg du Temple et de l'établir dans celle de Popincourt en raison de l'insuffisance de la garde aux barrières (5). Enfin, le 6 novembre 1790, le même Saint-Martin écrit à Osselin, conseiller administrateur des gardes nationales, pour l'instruire de la visite par lui faite à la caserne de Popincourt où se trouve installé l'atelier de rebattage des matelas (6).

(1) Grande Encyclopédie. IX, p. 663.
(2) Ouv. cit. 1787, p. 641.
(3) Journal de la compagnie des Arquebusiers royaux de la Ville de Paris, sur la Révolution actuelle; 3 juillet — 3 septembre 1789. Bibl. Nat. L^a 32291.
(4) Arch. nat., F^{13} 779.
(5) Arch. nat., F^{13} 779.
(6) Arch. nat., F^{13} 780.
Ces trois pièces ci-dessus mentionnées sont citées par M. Tuetey. (Répertoire des sources manuscrites de la Révolution Française. II, 397 et 407).

La caserne était, depuis 1790, le siège de la section Popincourt, un état des lieux conservé aux Archives de la Seine ne laisse aucun doute à cet égard (1). D'autre part, on lit dans l'ouvrage de M. Mellié : Les sections de Paris : « La section de Popincourt occupe pour ses différents comités quatre ou cinq pièces au rez-de-chaussée au fond de la cour, et pour ses assemblées générales, une grande pièce au premier étage, adossée à l'église et qui servait de magasins de farine pour la municipalité de Paris » (2).

Le 26 janvier 1791, sur le bruit que les casernes des chasseurs de Popincourt venaient d'être pillées par le peuple, des désordres graves éclatèrent à la caserne de Lourcine. Une enquête eut lieu dont les procès-verbaux sont conservés aux archives de la préfecture de police (3). Si la caserne était occupée en partie par les différents comités de la section, elle était louée à différentes personnes et notamment au chevalier Pawlet qui y tenait pension ; on accusa ce personnage, le 5 juillet 1791, d'y avoir caché cent fusils et l'avis en fut transmis par la section de Popincourt au bureau des recherches de la municipalité (4).

Une autre pièce en date du 10 août 1792, nous montre la deuxième compagnie de Popincourt gardant les effets précieux de la chapelle du château de Versailles (5). L'année suivante,

(1) État des lieux d'une maison nationale servant ci-devant de cazerne pour les ci-devants gardes françaises et occuper maintenant par les divers comités de la section de Popincourt. Arch. de la Seine. *Domaines, carton 522, Dossier 374.* On lit, au sujet de ce bâtiment, dans les registres du Bureau municipal; Du 8 novembre 1791. — Sur le rapport de M. Le Roulx de la Ville, le bureau municipal, avant de faire droit sur la réclamation de M. Capron, architecte, qui répète des honoraires pour raison des plans qu'il a faits lors de l'établissement de la caserne et du comité du district de Trainel dans les bâtiments de l'ancien hospice du Guet de Paris : Arrête que M. Capron justifiera des plans qu'il dit avoir faits ainsi que des arrêtés du Trainel qui l'ont chargé de le faire ». Bibl. nat., mss. fonds français, reg. 11706. A propos de cette pièce qui nous est obligeamment communiquée par M. R. Farges, des Archives de la Seine, nous ferons remarquer que l'ancienne caserne des gardes françaises est désignée sous le nom d'ancien hospice du Guet de Paris ; c'est également sous le nom d'hospice Popincourt que la caserne est indiquée sur le sommier des biens nationaux. La caserne ayant été occupée militairement jusqu'en 1789, il faudrait donc que l'hospice du guet y fut installé très peu de temps, car nous voyons ce bâtiment devenir à nouveau caserne et siège du comité en 1790.

(2) Ernest Mellié. *Les sections de Paris pendant la Révolution Française,* 1898, 52.
(3) Tuetey, ouv. cit. II, 193. Arch. de la Préf. de police. Sections de Paris. Procès-verbaux des commissaires.
(4) Tuetey, ouv. cit. I, 274. Arch. nat. D XXIX[b] 36 n° 376.
(5) *Ibid.* IV. 324. Arch. nat. F[7] 4420.

l'édifice n'était plus destiné au casernement des troupes, un peintre nommé Lecousté y demeurait comme locataire du Domaine.

La caserne fut comprise dans la vente domaniale de l'église Sainte-Ambroise consentie aux sieurs Pannier et Gressien moyennant 52,000 livres.

Sous le premier empire les bâtiments furent rendus à leur affectation primitive et la caserne Popincourt logeait la 10ᵉ cohorte en 1812, lorsque le général Malet tenta son audacieux coup de main : « Le 22 octobre 1812, lorsque le général Malet se fut enfui de la maison de santé du docteur Dubuisson, rue de Charonne (1), il passa le restant de la soirée avec l'abbé Lafond, chez un prêtre espagnol, Joseph-Fernandez Caamâno, cul-de-sac Saint-Pierre, près la place Royale. Ce fut de cette demeure qu'il partit à 3 heures du matin, le 23, en compagnie de Rateau et Boutreux, pour se rendre rapidement à la caserne Popincourt où se trouvait la 10ᵉ cohorte. Après s'être fait reconnaître du poste de la caserne, Malet se fit conduire avec ses deux complices à l'appartement du commandant de la cohorte, le colonel Soulier qui demeurait à quelques pas de là. Quand il revint, les hommes de la cohorte, mis sous les armes par les officiers qu'avait prévenus l'adjudant major Piquerel, furent rassemblés en fer-à-cheval; puis Boutreux, les reins ceints de son écharpe de commissaire de police, leur donna, d'une voix forte, lecture du sénatus-consulte, de l'ordre du jour et de la proclamation si bien rédigés par Malet. Pas un cri, pas un murmure ne se firent entendre, et personne, personne ne songea à révoquer en doute les graves nouvelles dont on venait d'être informé, tant elles paraissaient dans l'ordre des choses.

Le général Malet enjoignit à l'adjudant-major Piquerel de le suivre avec cinq compagnies, environ un millier d'hommes. Une compagnie demeurait au quartier pour servir d'escorte au colonel Soulier qui devait aller prendre possession de la place de Grève et de l'Hôtel de Ville. Ce dont il s'acquitta d'ailleurs avec succès (2). »

(1) La maison de santé du docteur Dubuisson était située non pas rue de Charonne, comme le dit par erreur Hamel que nous citons, mais rue du Faubourg Saint-Antoine au coin de la rue des Boulets, dénommée en cet endroit en 1812 : rue Saint-Denis Saint-Antoine.
(2). Ernest Hamel. *Les deux conspirations du général Malet*, 1873, in-8º, pp. 180-207.

— 98 —

Le 29 juillet 1814, le duc de Berri visitait la caserne de Popincourt et, dit le Moniteur : « Il a vu avec plaisir que la caserne était en bon état, que l'ordre et la discipline y régnait, que la tenue intérieure était conforme aux règlements militaires et que les troupes n'y manquaient de rien de ce qui leur est nécessaire sous le rapport de l'entretien et de la salubrité (1) ».

Après les évènements de février 1848, la caserne fut convertie en hôpital militaire; elle ne fut rendue à sa destination primitive qu'en 1850 : le 20 octobre, on y logea deux bataillons du 42ᵉ de ligne (2). En 1862, le bâtiment évacué par la troupe servit à l'hospitalisation des Incurables Hommes. C'était un hôpital temporaire qui contenait quatre cent vingt lits dont 26 d'infirmerie ; il fut occupé pendant la construction des bâtiments que l'administration des hospices faisait édifier à Ivry (3).

Après ces alternatives d'affectations, le bâtiment fut en dernier lieu occupé militairement et ne disparut qu'en 1884. Les terrains sur lesquels la caserne était édifiée, situés sur la rue de la Folie-Méricourt (4), avaient une superficie de 6.383 m. 32 dont 38 m. 60 en façade. L'adjudication en eut lieu le 26 mars 1884, en un seul lot, sur la mise à prix de 465.000 francs. L'enchère fut mise au nom du représentant d'une société immobilière de Paris. M. Fouquiau, architecte, resta adjudicataire à 481.500 (5). Une autre caserne a remplacé l'ancienne, elle abrite aujourd'hui des ménages d'ouvriers !

La fontaine Popincourt (6).

Il existait, rue de Popincourt, une fontaine publique érigée en 1806 ; le *Moniteur* du 12 janvier 1808 annonce en ces termes la fin de la construction : « On vient de construire, dans la rue

(1). *Moniteur* (29 juillet 1814), p. 846.
(2). Ibid. (20 octobre 1850, p. 3177.
(3). Hyp. Cocheries. Notes et additions à l'Histoire du Diocèse de Paris de l'abbé Lebeuf, p. 567.
(4). Une portion de l'ancienne rue de Popincourt, celle qui va de la rue Oberkampf au boulevard Voltaire a été dénommée rue de la Folie-Méricourt en 1868.
(5). Archives de la Seine, fonds Lazare, doc. cit.
(6) « La fontaine de Popincourt fait partie de celles qui ont été ordonnées en 1806, par un décret de l'Empereur. Placée dans un renfoncement demi-circulaire de cette rue, elle sert de point de vue à la rue Saint-Ambroise,

Popincourt, vis-à-vis l'église de ce nom, une fontaine publique dont ce quartier intéressant avait bien besoin. C'est un massif quarré dont le couronnement est un fronton triangulaire, qui a pour emblême un pélican qui se saigne pour alimenter ses petits. La sculpture principale du monument, qui est d'une simplicité élégante, offre une mère de famille allaitant un nourrisson, ensuite d'autres petits enfants à la subsistance desquels elle pourvoit avec tendresse et vigilance. » Cette fontaine fut démolie en 1860, au moment du percement du boulevard du Prince Eugène (aujourd'hui Voltaire); le bas-relief qui en faisait la principale ornementation est aujourd'hui conservé au Musée Carnavalet.

dans l'axe de laquelle elle est située. Sans avoir rien de remarquable, dans son ensemble ni dans ses détails, ce monument est encore un de ceux qui présentent l'aspect le plus pittoresque, parce que, isolé de tout édifice, il est ombragé par des peupliers qu'on a eu soin de planter près de là. Rien de plus propre que des arbres pour faire valoir une fabrique. C'est un secret que les paysagistes n'ignorent point. Par sa forme pyramidale, sa couleur foncée, la mobilité de son feuillage, les accidents de lumière et d'ombre qu'il procure par le balancement de sa tige, le peuplier, plus que tout autre arbre, peut former des contrastes et des oppositions qui font ressortir la régularité un peu monotone de l'architecture.

On regrette que cette fontaine, dont la masse est de bonne proportion, soit couronnée par un fronton de si mauvais goût, et qui conviendrait bien mieux pour servir de couvercle à un tombeau, que de fronton à une fontaine. La cuvette aussi, qui sert de récipient à l'eau que laisse couler un vase renversé, a paru d'une forme peu agréable. Ajoutons encore que la sculpture est d'un style un peu mou, que les figures en sont lourdes et rondes, que celles de la femme a surtout les cuisses trop courtes. Du reste, la figure est bien ajustée, et les enfants ne manquent point d'expression. Si l'on demande maintenant pourquoi l'on a choisi, pour sujet de cette composition, la Charité qui présente une coupe remplie d'eau à des enfants altérés, et qu'on a cherché à répéter dans le fronton la même idée, en y représentant un pélican qui donne la nourriture à ses petits nous répondrons que ce qui probablement aura déterminé l'architecte dans un pareil choix, est la proximité de l'église Saint-Ambroise. C'est ainsi qu'à la fontaine du Gros-Caillou, il a fait représenter Hygie guérissant un guerrier, parce que ce monument n'est pas éloigné de l'hôpital militaire. Sans doute il entre beaucoup d'esprit dans de semblables compositions mais ce n'est pas tout à fait ce qu'on y voudrait trouver.

La rue Saint-Ambroise qui se trouve, comme nous l'avons dit en face de la fontaine, a été percée nouvellement dans les dépendances du couvent des Annonciades du Saint-Esprit.

La fontaine de la rue Popincourt est alimentée par les eaux de la pompe à feu de Chaillot. » Amaury Duval. *Les Fontaines de Paris*, 1813, in-fol., p. 41.

L'auteur de la fontaine est M. Beauvallet (*), le même artiste qui fit celle du Gros Caillou, *Ibid*., p. 97.

(*) Beauvallet (Pierre-Nicolas), sculpteur français, né au Hâvre le 21 juin 1750, mort à Paris le 15 avril 1818.

Le marché Popincourt.

Le marché Popincourt que le Conseil municipal vient de désaffecter avait été construit sur l'emplacement d'une ancienne voirie dite : voirie à boue de Ménilmontant; on l'appelait aussi voirie de la Roulette (1). Il fut créé par une ordonnance royale du 29 septembre 1829 qui porte ce qui suit : « Il sera établi un nouveau marché de comestibles dans notre bonne ville de Paris, sur l'emplacement de l'ancienne voirie de Ménilmontant, et aux frais du sieur Testart, soumissionnaire. Notre bonne ville de Paris est autorisée à accepter la soumission en date du 12 juillet 1829, par laquelle le dit sieur Testart s'oblige à construire à ses frais un marché sur le dit emplacement, moyennant la concession à son profit, pendant soixante-dix ans, des droits de place et d'étalage dans le dit marché tels qu'ils sont fixés dans le tarif adopté par la Ville; le tout conformément aux clauses et conditions exprimées dans la dite soumission et acceptées par les délibérations du Conseil municipal des 31 octobre 1828 et 26 juin 1829. » Le sieur Testart s'était engagé aussi à céder à la Ville de Paris le sol des trois rues à ouvrir pour faciliter l'accès du marché. L'entrepreneur exécuta ses engagements, et fit construire sous la direction de M. Molinos, architecte. Ce marché a été inauguré le 31 mars 1831, en vertu d'une ordonnance de police du 21 du même mois; sa superficie était de 1,000 mètres et le nombre des places de 89. Les percements exécutés aux abords furent les rues du Marché-Popincourt, Jacquard et Ternaux.

Ceux qui ont vu ce marché sale et mal tenu liront avec quelque stupéfaction ces lignes publiées dans le *Moniteur* du 6 juillet 1837 : « Près des grands monuments qui, récemment achevés, ornent la capitale, d'autres édifices s'élèvent plus simples, plus modestes, mais peut-être plus utiles. Tels sont les marchés nouveaux. Autrefois les marchés de Paris n'étaient que des cloaques où venaient, sans ordre et surtout sans propreté, s'encombrer les approvisionnements de notre grande popula-

---

(1) A la date du 5 mars 1818, l'administration obtient l'autorisation de faire fermer la ruelle qui conduit de la rue Popincourt à la Voirie de Ménilmontant. *Arch. de la Seine.* Travaux, 1358. Le 27 février de la même année, on demande le pavage des deux ruisseaux de la voirie de la Roulette. *Ibid.*

tion. Aujourd'hui, à toutes les conditions de la salubrité, ils réunissent l'élégance qui peut s'appliquer à cette sorte d'établissement.

Tel est, entre autres, le marché qui vient de s'ouvrir rue de Popincourt. Le marché Popincourt, quoique dans des proportions ordinaires, peut être regardé comme un modèle. Entouré de rues spacieuses, arrosé par une fontaine abondante qu'entoure une vasque très large, couvert d'une charpente à la fois légère et solide, aux marchands de tout état, il offre un entrepôt commode, et qui sera bientôt achalandé; aux habitants de ce quartier, une ressource prompte et facile d'économie. Félicitons l'administration de la Ville de Paris, qui sait satisfaire aux nobles jouissances que donnent les beaux-arts et pourvoit aux nécessités matérielles (1). »

Il faudrait aujourd'hui féliciter l'Administration d'avoir fait disparaître ce même marché pour lequel le journaliste de 1837 ne trouvait pas assez de louanges.

***

Nous aurions voulu donner ici une monographie complète de la rue de Popincourt. Dans cette intention nous avions rassemblé beaucoup de documents inédits qui ne pourront être utilisés. Le refus de communication du Sommier foncier de l'Enregistrement est venu troubler notre travail méthodique en nous empêchant d'identifier les immeubles de la rue; plutôt que de baser nos recherches sur des données fausses, nous avons préféré anéantir le labeur de deux années. Cependant, parmi les notes recueillies au cours de cette besogne d'investigation, nous en pouvons extraire quelques-unes dont la publication offre un intérêt suffisant.

***

La Maison de Lefebvre de Beauvray.

Lorsque l'avocat aveugle, auteur des Mémoires publiés en tête de cette étude, abandonna le faubourg Saint-Marcel, où il habitait en 1760, rue Française, ce fut pour aller demeurer rue

(1) Arch. de la Seine. Dossiers Lazare.

Sainte-Croix-de-la-Bretonnerie. Cette rue vit son mariage avec Marie-Marguerite de la Bonne. En 1772, Lefebvre de Beauvray quitta le quartier du Temple pour le faubourg Saint-Antoine ; on le voit en effet acquérir, au moyen d'une sentence de licitation, en date du 8 juin 1771, une maison avec jardin ayant appartenu à Denis Pillet, jardinier-fleuriste ; plus tard, pour agrandir son domaine, il se fit adjuger, moyennant 7850 livres, un terrain même rue. Après y avoir paisiblement vécu dix-neuf années, notre auteur vendit son petit bien devant Trubert, notaire à Paris, à Augustin Oudart, expert-vérificateur en écritures. Nous ne savons pas ce que devint le propriétaire ; par contre, nous n'ignorons point quelle fut la destinée de l'immeuble ; il est aujourd'hui représenté par l'impasse Popincourt, située au n° 34 de la rue du même nom, le terrain sur lequel on perça cette impasse fut vendu, en 1838, par un sieur Mongeot à cinq propriétaires ; l'un d'eux, M. Rotté, eut l'initiative de ce percement (1). En compagnie de M. Coyecque, sous-archiviste de la Seine, dont la compétence en topographie parisienne est indiscutable, nous avons fait à l'immeuble précité une visite toute récente : à travers les replâtrages successifs, on retrouve les traces d'un pavillon adossé à un mur de fond. Ce pavillon est construit sur une terrasse à laquelle on accède par un escalier d'une vingtaine de marches. Contemporains du chroniqueur, le petit bâtiment, et surtout l'escalier, sont les seuls témoins qui permettent l'identification (2). Il y aurait bien eu aussi la consultation du Sommier Foncier qui contient les mutations successives depuis Oudart jusqu'à Mongeot, mais nous en fûmes empêchés par l'Administration même qui détient ces précieux registres à la garde desquels elle emploie un incorruptible Cerbère.

Dans les vestiges signalés, on peut reconnaître : « Le pavillon dépendant du petit domaine situé rue de Popincourt près celle des Amandiers, appartenant à l'auteur de ces Mémoires et dont il s'occupe et fait valoir une partie. » (3) Il est bien dénaturé aujourd'hui le petit pavillon occupé par une pension de fillettes ; les arbres fruitiers du petit domaine sont allés rejoindre les

---

(1) Arch. de la Seine. Papiers Lazare (rue de Popincourt).
(2) On voit parfaitement cet escalier sur le plan de Jaillot, 1775, il est visible également sur le plan cadastral de 1808 conservé aux Archives Nationales ainsi que sur le plan moderne.
(3) Mém. de Lefebvre de Beauvray, 1re partie, f° 184.

vieilles lunes ; cependant ce qui reste des bâtiments primitifs nous a permis de retrouver d'une façon certaine, l'emplacement exact de l'habitation de Lefebvre de Beauvray.

Lord Drommond.

Les archives de la Bastille renferment quelques renseignemente curieux sur un personnage qui habitait la rue de Popincourt vers 1750. Il s'agit d'un lord écossais soupçonné de recueillir chez lui des convulsionnaires, les notes qui le concernent sont peu nombreuses.

C'est d'abord une lettre de Perrault, huissier de la Monnaie, à Berryer en date du 21 avril 1748 :

« J'ai l'honneur de vous rendre compte que l'on m'a donné avis que milord Drommond de Perth, écossais de nation, très connu pour grand convulsionniste, tient chez lui des assemblées, où il s'y trouve tout ce qu'il y a de plus fameux dans le parti. M. de Marville, votre précécesseur, m'avait chargé il y a environ quinze mois, de ses ordres, pour découvrir sa demeure, je n'ai pu y réussir par les subits changements de demeure qu'il a fait. *Apostille.* — Qu'il s'assure du fait, sans donner de mémoire d'observation, et quand il sera sûr qu'il me rende compte. »

Deux années se passent sans que la police ait à s'occuper de lord Drommond. En 1750, Puysieux, alors ministre des affaires étrangères, écrit à Berryer : « Il importe au service du Roi que je sois informé exactement du nom, de la qualité, des occupations, des démarches des personnes qui y fréquentent..... rue de Popincourt, presque vis-à-vis du couvent des religieuses, on croit que c'est la maison qu'avait M. Fournier ci-devant et ensuite M. Parquet, curé de Saint-Nicolas et ensuite un lord. » Berryer donne les ordres à d'Hémery, lieutenant de la compagnie du lieutenant criminel de robe courte, lequel lui répond le 21 février 1750 : « J'ai l'honneur de vous rendre compte qu'il ne demeure point d'étranger dans la maison où M. le curé de Saint-Nicolas a ci-devant demeuré, rue de Popincourt, puisqu'elle est présentement occupée par M. le Prévôt des marchands. Il est vrai qu'il y en a une autre tout près où demeure Mylord Drommond que ce seigneur vient d'acheter. Il y a apparence que c'est celle-là qu'il faut observer, ce que je ne manquerai pas de faire. » Enfin, le policier fait son enquête et peu de temps après adresse à son chef les renseignements suivants : « 9 mars 1775, j'ai l'honneur de vous rendre compte que l'étranger qui demeure rue de Popincourt, vis-à-vis le couvent des religieuses, dans la maison qu'occupait autrefois milord Staffort, qui lui a cédé les deux dernières années de son bail qui restaient à expirer, est le comte Drommond qui demeurait à Saint-Germain en Laye. Il est âgé de soixante ans, chevalier de Saint-Louis et a servi en France en qualité de colonel. Il a avec lui sa femme qui est âgée de cinquante-cinq ans et pour domestiques, deux femmes, deux laquais et un jardinier auquel il donne beaucoup d'occupation parce qu'il aime extrêmement les fleurs et que toute la journée il est après à les cultiver. Il paraît très à son aise, et lui ni sa femme ne voient absolument personne qu'un jeune enfant qui est leur filleul, pensionnaire dans un collège, qui vient quelquefois le voir avec son précepteur qui est abbé. J'ai su que dans le commencement qu'ils demeuraient dans cette maison, qu'ils n'en sortaient point, que personne n'y entraient et qu'ils avaient expressément défendu à leurs domestiques de dire leurs noms qu'on n'avait su que bien longtemps après par l'indiscrétion d'un cuisinier qu'ils avaient renvoyé, qui avait dit aussi que son maître s'appelait Stuart et qu'il était très proche parent du prince Édouard, ce qui prouve que dans le temps qu'il est venu à Paris, il aurait bien pu s'y retirer.

« M. Drommond et sa femme ne sortent que pour aller à la messe. On les dit fort pieux. Ils viennent de faire un bail de la maison qu'ils occupent qu'ils n'ont point achetée comme je l'avais dit et qui appartient à M. Racine, qui demeure rue Vieille-du-Temple. » (1)

Les rapports de police avaient, comme on le voit, fort exagéré les choses et lord Drommond, fleuriste passionné, paraît être un personnage bien paisible et peu suspect.

Henri Sallembier.

La pléiade d'artistes que le xviiie siècle fournit à l'art français est composée de personnalités notoires dont les noms nous

(1) Ravaisson, *Arch. de la Bastille*, XV, p. 37-39.

furent transmis : peintres, sculpteurs, dessinateurs, ouvriers d'art, tous sont plus ou moins connus, cependant, il en est quelques-uns qui mériteraient mieux de la postérité. Parmi ceux qui se distinguèrent surtout dans l'art décoratif vers la fin du règne de Louis XVI, figure Sallembier dont les gracieuses compositions inspirèrent heureusement peintres et sculpteurs.

Le style dit Louis XVI est redevable à cet artiste d'une façon différente d'interpréter l'ornementation ; jusqu'à lui les dessins de l'architecte Delafosse documentèrent les artistes de l'époque, mais lorsque Sallembier eut peint ces élégants panneaux dans lesquels les rinceaux s'ovalisent, où les figures un peu longues se terminent harmonieusement en volutes hardies, parmi de délicates brindilles de feuillages, Delafosse fut abandonné et le genre Sallembier conquit la première place. Si nombreuses que soient les compositions de cet artiste dont l'œuvre importante est encore aujourd'hui mise à contribution, il n'en est pas moins vrai que la personnalité de Sallembier est pour ainsi dire inconnue.

On ne sait rien de sa vie et si quelque érudit était tenté d'écrire la biographie de ce peintre-dessinateur, ce n'est pas dans les livres publiés jusqu'à ce jour qu'il trouverait le moindre renseignement. Nous publions ci-dessous une modeste contribution à cette biographie future.

Le 17 février 1787, Henri Sallembier, peintre et dessinateur, demeurant à Paris, grande rue du faubourg Saint-Martin, se rendit adjudicataire par sentence du Châtelet de Paris, d'une maison sise à Paris au coin des rues de Popincourt et de la Roquette, ayant pour enseigne « Le roi de Suède », consistant en deux boutiques, trois étages et grenier, petite cour, puits, appentis, jardins, cellier et dépendances moyennant la somme de 13,567 livres 18 sous 4 deniers (1).

Cette maison qui paraît être encore debout a subi sans doute

---

(1) Henry Sallembier avait acquis cette maison des héritiers Goutte, lesquels la tenaient de Pierre Beausse, bourgeois de Paris, et de Marie Faucher, sa femme, par contrat du 17 septembre 1777, lequel en était propriétaire par l'abandon à lui fait au moyen de la sentence de la prévôté de Saint-Germain-en-Laye du 13 avril 1767, adjudication du retrait à lui fait contre Edme Leguay, seigneur d'Hauteville, lequel avait acquis, par contrat du 20 avril 1766, d'Antoine Beausse auquel elle était échue par le partage de la succession Charlotte Gardy, sa mère. *Arch. de la Seine,* Hyp. Lettre 734.

de nombreuses transformations et le peintre reconnaîtrait difficilement son acquisition; il pourrait même croire qu'elle a changé de place, car de l'autre côté de la rue de la, Roquette au coin de la rue Basfroi, se voit également l'effigie de Gustave-Adolphe. L'enseigne vient d'un bureau de tabac situé au coin des rues Martel et Paradis-Poissonnière; le propriétaire de l'établissement de la rue de la Roquette, en prenant possession de son fonds, y transféra l'image du Roi de Suède qui lui appartenait. On ne doit voir là qu'une coïncidence, mais il est assez curieux de constater ici que le hasard semble avoir voulu tromper les topographes futurs (1).

(1) La reconstitution des actes de l'état-civil parisien possède un acte de décès concernant la famille Sallembier; il s'agit sans doute d'un fils du peintre car il y a similitude de prénoms et de profession. 12ᵉ mairie. Extrait des registres de l'an 1820. — Du deux octobre mil huit cent vingt à midi, acte de décès de Henry Sallembier, décédé hier à quatre heures du soir, à Paris, en son domicile rue de la Montagne-Sainte-Geneviève, n° 52, quartier Saint-Jacques, âgé de soixante-sept ans, peintre, né à Paris, fils de défunt Henry et de Marie-Louise Stenne, marié à Eléonore-Angélique Arnault, sa veuve. Sur la déclaration de Jean-Michel Lévêque, marchand-épicier, âgé de cinquante-sept ans demeurant dite rue n° 50 et de Jean Mabit, chaudronnier, âgé de trente ans, demeurant rue Saint-Jacques, n° 208, quartier de l'Observatoire. lesquels ont signés avec nous maire du 12ᵉ arrondissement de Paris, lecture faite dudit acte. Signé : J.-M. Lévêque, Mabit, Cochin.

ERRATA

Parmi les signataires de l'adresse dont il est question p. 46, on voit figurer M. de Boines, il faut lire de Bormes. Ce personnage qui demeurait rue de Popincourt, se nommait exactement Jean-Louis de Lhéraud, écuyer, baron de Bormes. (Affaire devant le commissaire du quartier, *Arch. Nat.*, Y, 14114).

SAINT-DENIS
IMPRIMERIE H. BOUILLANT
20, RUE DE PARIS, 20.